PRÉCIS

DE LA SITUATION POLITIQUE

DE LA FRANCE,

DEPUIS LE MOIS DE MARS 1814

JUSQU'AU MOIS DE JUIN 1815.

PARIS,

Chez DELAUNAY, Libraire, Palais-Royal, galerie de bois, n.° 243;

ET CHEZ LES MARCHANDS DE NOUVEAUTÉS.

Juin 1815.

AVIS

DE L'ÉDITEUR.

Cet écrit se compose de deux parties distinctes, les faits et les raisonnemens. Les faits ne sont pas susceptibles de contestation ; quant aux raisonnemens, comme ils sont l'expression d'une opinion individuelle, c'est au lecteur à en apprécier le plus ou moins de justesse.

PRÉCIS

DE LA SITUATION POLITIQUE

DE LA FRANCE,

DEPUIS LE MOIS DE MARS 1814 JUSQU'AU MOIS
DE JUIN 1815.

———

Une grande question est agitée en Europe depuis vingt-cinq ans. Le procès était décidé; la sentence, prononcée par les armes, avait été reconnue par les princes; la souveraineté des peuples avait cessé d'être un problème.

La fortune a changé un moment; le principe est de nouveau mis en doute; et les diverses nations de l'Europe, réunies contre une seule, sont encore une fois appelées en champ clos pour forcer cette nation à renoncer au droit de choisir elle-même son souverain.

Les rois disent au peuple français : « Nous te dé-
» fendons d'avoir pour chef de ton gouvernement
» l'Empereur Napoléon. » Quel parti doit prendre le

A

peuple français? Il n'en est qu'un pour lui. Un peuple est perdu le jour où il compose sur son indépendance : les leçons des temps passés et l'expérience des temps modernes tracent les mêmes devoirs.

Pour bien juger l'état actuel de la France, il faut approfondir la nature des choses ; et la nature des choses, c'est dans les faits qu'il faut la chercher. Lorsque les rois proclament dans leurs astucieuses déclarations que ce n'est pas la France, mais l'Empereur, qu'ils vont attaquer, les rois trompent la France. C'est la France qu'ils attaquent sous le règne de l'Empereur, comme c'est la France qu'ils attaquaient sous le règne des Bourbons : aujourd'hui, c'est par la force qu'ils veulent l'accabler; hier, ils voulaient la faire périr de langueur et d'épuisement. Ils permettaient à la France d'exister encore ; mais ils ne voulaient lui laisser qu'une existence avilie, parce qu'ils savent bien qu'une nation avilie n'existe pas long-temps.

Et quels sont ces monarques qui osent frapper de leurs anathèmes un prince à qui ils ont si long-temps payé le tribut plus ou moins volontaire du respect et de l'admiration? Quels sont ces monarques qui, au nom de la dignité royale, proscrivent un roi; qui, au nom de la liberté des peuples, veulent ravir au peuple français tout usage de sa liberté? Ce sont les mêmes monarques qui, après avoir appelé l'Europe aux armes contre la France, sont devenus les oppresseurs de ces nations qu'ils se vantaient de vouloir affranchir.

Avant d'entrer dans l'examen des faits récens qui constateront le véritable objet de la nouvelle coalition prête à éclater contre nous, il est indispensable de reprendre les événemens de plus haut, et de jeter un coup-d'œil rapide sur le principe réel de la double révolution qui a eu lieu en France en avril 1814 et en mars 1815. La question politique de notre situation au dehors ne peut être bien établie et bien jugée qu'après avoir considéré sous son vrai point de vue la question domestique de notre administration au dedans.

Deux dynasties ont, en moins d'une année, occupé le trône de France. L'une a pour elle la légitimité d'une ancienne possession ; l'autre, la légitimité d'un choix récent. Ces deux principes ont l'un et l'autre leurs partisans ; ou plutôt, les partisans de l'un et de l'autre, autant qu'ils n'ont pas perdu toute raison, se réunissent à celui des deux qui offre le plus de sécurité à la liberté publique et le plus de gages à l'honneur national.

Au commencement de 1814, le sort des armes avait amené l'étranger à Paris. La trahison, aggravant nos revers, faisait retentir le nom oublié des Bourbons, et substituait d'odieux emblèmes à des signes consacrés par les plus nobles souvenirs. Cependant de grands moyens, d'immenses trésors d'héroïsme et de dévouement existaient encore : le trône impérial pouvait être sauvé ; mais il ne pouvait l'être sans que la France fût livrée aux calamités d'une guerre civile: L'Empereur abdiqua.

Son abdication eut pour base un traité dont les stipulations étaient les unes à la charge des puissances alliées, les autres à la charge du gouvernement des Bourbons. Aucune de ces clauses n'a reçu son exécution. L'oppression la plus odieuse a entouré l'Empereur dans l'île d'Elbe, et lui a interdit toute communication, même avec sa famille. Une seule puissance, et nous nous faisons un devoir de lui rendre cet hommage, l'Angleterre, ne s'est point associée à ce lâche système. Seule elle a senti qu'un gouvernement ne peut que s'honorer par le respect pour une haute infortune. Tout traité étant de sa nature un acte synallagmatique, dès qu'il est violé par l'une des parties, cesse d'être obligatoire pour l'autre. L'Empereur a été rendu à la plus entière indépendance.

Nous dirons plus ; cette indépendance n'avait pas cessé d'exister pour lui. Son abdication n'était pas valide : une abdication, même faite de propre mouvement par un souverain, n'a d'effet que par l'acceptation libre du peuple dont il est le chef. La volonté du peuple a été tout aussi peu libre que celle du prince. Qui oserait dire qu'aucune liberté existât en France dans les premiers jours d'avril 1814? La séparation du peuple et du monarque s'opéra sous la médiation des baïonnettes étrangères.

Jamais aucun des souverains, dont des circonstances extraordinaires amenèrent l'abdication, ne s'est cru enchaîné par un acte que n'avait pas dicté un consentement pleinement volontaire.

Si Louis le Débonnaire est contraint d'abdiquer en 833, l'année d'après il revient sur une démarche arrachée par la force, et reprend des mains de ses fils le sceptre qu'ils lui avaient enlevé.

Victor-Amédée II s'était, en 1730, prêté à une abdication que la politique lui avait prescrite pour le bien de ses peuples. Lorsqu'il veut rentrer dans ses droits, son indigne fils, Emmanuel III, s'y refuse, et le fait enfermer. L'histoire a fait justice de cette perfidie.

Frédéric-Auguste II avait, en 1706, renoncé par le traité d'Alt-Ranstadt à ses droits sur la couronne de Pologne. En 1709, il rentre en Pologne, les armes à la main, remonte sur le trône, et s'y maintient jusqu'à sa mort en 1733.

Stanislas Poniatowsky, long-temps le jouet de la Russie, est contraint par Catherine II d'abdiquer en 1797.

Catherine ne régnait elle-même en Russie qu'en vertu de l'abdication de Pierre III. Si Poniatowsky, si Pierre III avaient pu ressaisir leur couronne, qui aurait osé méconnaître la justice de leurs droits?

Il est un autre genre d'abdication que les publicistes ont nommée *abdication tacite*. Telle est celle de Jacques II, en vertu de laquelle les Anglais déclarèrent le trône vacant. S'il est dans l'histoire de quelque nation un autre trait qui s'y rapporte, c'est l'abdication de Louis XVIII par le fait de sa retraite hors du territoire français. A la rigueur, l'application de ce principe serait aussi juste aujourd'hui envers ce prince qu'elle l'était de la part des Anglais envers le roi Jacques; mais ce n'est pas là en France l'état de la question.

Quoique l'abdication de l'Empereur NAPOLÉON ait été primitivement nulle, elle aurait pu devenir légitime. Nous ne craindrons pas de reconnaître cette vérité sévère pour les rois, mais salutaire pour les peuples. Il dépendait de la famille des Bourbons de donner à l'œuvre de la violence le caractère de la légalité. Quelque coupable que cette famille eût été envers nous par les guerres sanglantes qu'elle nous avait suscitées, quelque odieux que fût le mode de son retour, le bonheur des nations absout les rois de l'irrégularité de la fondation du pouvoir, ou de celle de son rétablissement. Les Bourbons n'ont pas jugé que ce titre leur fût nécessaire : ils n'ont voulu avoir de droits que ceux qui dérivent de l'hérédité; et, en refusant de s'associer aux nouvelles mœurs, aux nouveaux intérêts du peuple dont ils reprenaient le gouvernement, ils ont forcé ce peuple à prouver, par un second renversement du trône royal, que, de son côté, il ne connaissait de droits héréditaires que ceux qui se lient à la conservation des siens, que ceux qui partent de son choix primitif, ou de la continuation de son choix dans la maison qui lui offre le plus de garanties. Au lieu de nous donner les garanties que nous devions attendre d'elle, la maison de Bourbon s'est placée hors de toute communauté avec les habitudes, les passions et les besoins du peuple français. Elle n'a pas senti que le premier des besoins d'un peuple magnanime était, sur-tout aujourd'hui, d'être respecté par son gouvernement. Elle s'est trompée de date ; et tandis qu'un long siècle s'était écoulé pour nous, le temps n'avait point marché pour elle. Un seul titre était à ses yeux le fondement de toute puissance. Un seul mot composait tout le vocabulaire de ses droits ; et ce mot, dont le sens encore était dénaturé par une fausse interprétation, le mot de *légitimité* semblait lui offrir tout-à-la-fois une arme offensive et un impénétrable bouclier. Armés de ce trait menaçant, ou retranchés derrière ce fantastique rempart, les Bourbons croyaient pouvoir humilier impunément un peuple généreux, et chaque jour un affront nouveau essayait l'étendue de sa patience. Cette patience s'est lassée ; et l'on s'est demandé si les princes légitimes ne devaient se faire reconnaître qu'à de pareils traits ; si l'on ne devait réputer légitimes que des princes qui, n'ayant pas su honorer leur malheur, savaient encore moins faire usage d'un moment de prospérité. On a de nouveau comparé les choses et les hommes : on a comparé la légitimité qui résulte du temps et celle qui résulte du choix. On s'est rappelé que la légitimité de la dynastie nouvelle avait été le produit du suffrage du plus grand nombre de votans qui jamais, en aucun pays, ait pris part à l'élection d'un souverain. Jamais dynastie ne put en effet s'enorgueillir d'un titre plus légal. Si c'est l'assentiment des peuples qui constitue la véritable légitimité, NAPOLÉON était le plus légitime des monarques. La France, la fortune et la victoire l'avaient proclamé Empereur. Les gouvernemens étrangers s'empressèrent de le reconnaître. La grandeur récente effaça tous les prestiges de la grandeur des temps passés. Une auguste alliance consacra l'égalité de la race nouvelle avec les races les plus antiques, et l'héritier de l'Empire naquit sous les plus fortunés auspices. Le continent tout entier célébra sa naissance : le canon étranger et le canon français annoncèrent l'alégresse des peuples, des bords de la Vistule et de la mer Baltique jusqu'aux colonnes d'Hercule. Quel prince eut en naissant des droits plus sacrés à l'héritage paternel que cet enfant précieux qui fut accueilli par la France avec des transports de joie et d'amour ; par l'Autriche, avec orgueil ; et par l'Europe entière, avec les bénédictions de l'espérance ? L'histoire dira quelle universalité de vœux et d'hommages entoura son berceau. La puissance de son père avait été portée au-delà de toutes les bornes connues : chaque victoire avait nécessité une victoire nouvelle ; et la France, tantôt provoquée par des menaces

offensantes, tantôt entraînée par un élan dont elle n'é-
tait plus maîtresse, n'avait plus que l'alternative ou de
la domination universelle, ou d'une rapide dé cadence.
Douze années de triomphe avaient fait peser l'Empire
français sur toutes les nations européennes. Tout-à-
coup un mouvement contraire rassemble toutes ces
nations en une seule masse, et les précipite sur l'Empire français. Le colosse s'écroule : la famille impé-
riale est dispersée. Un roc de la Méditerranée devient
l'asile du monarque à qui toutes les capitales du
continent avaient tour-à-tour ouvert leurs portes. Ce
renversement avait-il détruit le principe de ses droits ?
Nous reproduirons ici notre première réponse, parce
qu'elle est la seule qui puisse être admise dans le
dix-neuvième siècle : c'est par la famille des Bourbons
que la question pouvait être décidée.

Fatiguée de combats, la France était avide de
repos. C'est tout ce qu'elle pouvait attendre des
Bourbons : elle sentait bien qu'il fallait renoncer à
la gloire, et elle s'y était résolue ; mais il est un sacrifice auquel il lui sera toujours impossible de sous-
crire. Renoncer à la gloire, ce n'est pas renoncer à
l'honneur. L'honneur, non cet honneur féodal dont
une classe particulière prétend seule avoir le privi-
lége ; ce véritable honneur qui appartient à tous les
pays, à tous les âges, à toutes les conditions, est devenu, au milieu de nos autres pertes, le domaine
national le plus précieux, le trésor le plus cher pour

tous les cœurs français. Un roi faible, une famille égarée, un ministère inepte, osent essayer de nous le ravir. C'en est fait ; le coup est porté : les Bourbons n'appartiennent plus à la France ; le pacte est rompu entre la France et eux. Ils siégent encore dans le palais des rois : mais une révolte morale brise le sceptre dans leurs mains ; tous les ressorts se détendent ; leur chute devient inévitable, et malheureusement encore elle menace d'être orageuse et sanglante. Tout-à-coup une voile apparaît sur nos côtes, et le sol français frémit à l'aspect du pavillon tricolor. L'île d'Elbe, comme l'Égypte, nous rend au moment du péril le dépôt qui lui était confié. La France vole au-devant de son libérateur, et le nouveau règne des Bourbons est irrévocablement fini. Ainsi l'expérience du passé avait été perdue pour eux ; l'exemple des Stuarts n'avait pu les instruire : du moins ceux-ci, après leur restauration, conservèrent-ils encore la couronne pendant vingt-huit années. Bien moins de temps a été nécessaire aux Bourbons pour se perdre une seconde fois. Leur rétablissement n'a été qu'un songe ; c'est au court espace de onze mois qu'ils en ont volontairement restreint la durée.

A peine l'Empereur a touché le sol français, les Bourbons ne sont plus : le peu de force qui leur reste, s'épuise à signer un vain arrêt de proscription. Ils mettent à prix les jours de l'homme qui vient leur

redemander une couronne qu'ils ne savent pas défendre, et demain un de leurs princes ne devra la
vie qu'à sa générosité. Nous avions vu la famille des
Bourbons rentrer sur le territoire français sous l'escorte des troupes étrangères ; nous l'en avons vue
sortir sous l'escorte des troupes françaises, empressées d'accélérer sa fuite. Est-il besoin de rien ajouter
à de semblables faits?

Qu'une famille qui voit sa perte certaine, oublie
dans son désespoir les saintes lois de la morale et
commande l'assassinat, le crime est affreux, et, grâce
au ciel, les exemples sont rares ; mais qu'une assemblée de rois, ou du moins que les ministres d'une
assemblée de rois, fulminent une sentence inouie
contre un monarque auquel ils ont long-temps pro-
digué leurs hommages, c'est un trait unique dans
les annales des nations. A quel point les passions des
cabinets ne doivent-elles pas les avoir égarés, pour
qu'ils aient pu se déterminer soudainement à un
acte tel que la déclaration du 13 mars? Admirable et
digne dénouement du congrès de Vienne !

Les opérations de ce congrès seront à jamais
une leçon terrible pour les peuples : nous allons
essayer d'en offrir une esquisse fidèle. C'est là sur-
tout, c'est dans la marche des négociations, dans
la manière de procéder des rois et de leurs ministres,
que nous pouvons apercevoir ce que la France avait

à attendre pour l'avenir : l'historique des rapports du gouvernement des Bourbons avec les autres gouvernemens est le meilleur élément que l'on puisse avoir pour porter un jugement éclairé sur notre situation. Nous y trouverons en même temps un tableau curieux des rapports des puissances étrangères entre elles ; et ce sera pour nous une source de données précieuses, à l'aide desquelles nous pourrons apprécier la nature des nouveaux traités par lesquels viennent de s'engager respectivement ces diverses puissances.

Lorsqu'un aveuglement inexplicable a conduit si rapidement à sa perte une famille dont tant de circonstances heureuses auraient pu favoriser l'affermissement, il était difficile que sa politique extérieure ne fût pas empreinte des erreurs qui ont à-la-fois compromis la considération au dehors et la sûreté au dedans.

Le trait le plus prononcé du dernier règne des Bourbons est qu'il n'est entré dans l'esprit de leur gouvernement aucune idée d'intérêt national. Un seul mobile, le même qui, sans aucun gage de compensation, avait fait signer, dès le 23 avril, la remise aux troupes étrangères de cinquante-trois places de guerre occupées par nos troupes, a constamment dirigé toutes ses démarches : l'intérêt de dynastie. Partout on trouve les Bourbons, et nulle part la France. Une seule pensée composait la politique royale : le rétablissement de ses anciennes appartenances, et le renversement de ce qui rappelait le souvenir de l'Empereur NAPOLÉON.

La disposition des cabinets étrangers envers la France était, pour ainsi dire, double et complexe ; elle reposait sur deux principes dont l'un se rapportait à la maison régnante, l'autre à la nation française. Sous le premier point de vue, tout leur inspirait de la confiance : comment, en effet, auraient-ils pris de l'ombrage d'une famille dont ils connaissaient l'inhabileté et la faiblesse, et que leur seule crainte était de ne pouvoir maintenir sur le trône ? Sous le second rapport, les préventions étrangères étaient toujours subsistantes et actives. La nation française, malgré tous les sacrifices qu'on lui avait imposés, continuait à être un objet d'effroi. Son esprit guerrier, ses longues habitudes de grandeur et de gloire, entretenaient contre elle une animosité qui se signalait dans toutes les rencontres.

Cette différence de la manière d'être des gouvernemens étrangers à l'égard des Bourbons et à l'égard de la nation française, était pour la nation même un surcroît de calamité. C'était sur la nation que retombaient tout-à-la-fois les suites de la crainte qu'elle inspirait, et du peu d'égards auxquels on se croyait obligé envers les princes qui régnaient sur elle.

Les communications qui existaient entre Paris et Londres, portaient l'empreinte de l'inégalité de position des deux pays. L'exigence de l'Angleterre essayait jusqu'où pouvait aller la déférence du ministère français ; mais c'est sur-tout dans les grandes questions d'état que la France a été à portée de se convaincre de la tendance unanime des puissances à écarter son concours et à la placer en dehors de tous leurs arrangemens, comme une partie accessoire qui ne devait entrer que secondairement dans l'équilibre général.

La paix de Paris n'avait donné à l'Europe qu'un genre d'existence vague et indécis. La forme antérieure du monde politique était changée ; sa forme nouvelle n'était point déterminée encore, ou du moins n'avait reçu qu'un développement incomplet. La France seule avait été l'objet d'une déplorable exception. Son état avait cessé d'être incertain ; son cercle était tracé, sa grandeur évanouie, et son avenir même anéanti.

Le déplacement de la domination était consommé : on savait où elle n'était plus ; on ne savait pas encore où elle allait être transférée. Le sceptre enlevé à la France semblait errer entre plusieurs mains également avides de le saisir. Pour l'arracher sans retour à son redoutable possesseur, un même sentiment de haine, d'envie et d'ambition, avait réuni tous les efforts ; d'autres efforts devaient décider à qui passerait ce superbe héritage. Le combat fini allait faire naître un combat nouveau : les ambitions particulières se croisaient entre elles ; un grand choc était inévitable, si la question eût dû se résoudre à l'instant même : le besoin du repos donna place aux conseils de la prudence. Sans avoir la certitude de dissiper l'orage, on songe d'abord à l'éloigner ; on remet à un autre temps des discussions sur lesquelles on prévoyait qu'il serait difficile de s'entendre. Tout reste suspendu. Diverses contrées sont, en quelque sorte, sans maître, ou n'ont qu'un souverain temporaire : toutes les occupations sont provisoires ; et c'est aux décisions d'un congrès que l'on réserve le pouvoir de régler la possession et de lui donner un caractère définitif.

L'article 32 du traité du 30 mai porte : « Dans le » délai de deux mois, toutes les puissances qui ont » été engagées de part et d'autre dans la présente » guerre, enverront des plénipotentiaires à Vienne, » pour régler, dans un congrès général, les arrange- » mens qui doivent compléter les dispositions du » présent traité. »

Le délai de deux mois ne tarda pas à paraître trop court.

Après avoir quelque temps goûté à Paris l'orgueil d'un triomphe dont la trésorerie britannique pouvait en grande partie revendiquer l'honneur, l'empereur de Russie et le roi de Prusse allèrent recueillir à Londres de bruyans hommages, sans remarquer qu'ils rendaient eux-mêmes un hommage bien moins honorable pour eux à la nation qui avait payé le sang de leurs peuples, acheté leurs trophées et salarié leurs succès. D'abord ils ne voulurent pas s'apercevoir que la puissance financière dont ils avaient été les instrumens, n'applaudissait en eux que les soutiens de son despotisme commercial, que les défenseurs de son monopole ; mais bientôt le ridicule engouement que fit éclater pour quelques-uns de leurs généraux, et la multitude des villes, et même l'élite de la société, dut leur apprendre à connaître le prix des témoignages d'admiration qu'on leur avait prodigués.

Au milieu des fêtes de Londres, les ministres des principaux cabinets, mesurant avec effroi la disparité de leurs prétentions respectives, sentirent le besoin commun de retarder des explications qui rompraient trop tôt leur intelligence. Le congrès fut fixé au 27 septembre ; et tel était le peu d'égards qu'on avait pour la France gouvernée par les Bourbons, que ce changement d'un article du traité du 30 mai eut lieu sans son concours. Tandis que la France mettait ses troupes sur le pied de paix, tandis qu'un faux système d'administration intérieure se plaisait à décomposer les glorieux restes de la plus belle des armées, une convention signée le 29 juin entre l'Angleterre, l'Autriche, la Russie et la Prusse, stipulait le maintien d'une partie de leurs forces sur le pied de guerre, et réglait la démarcation des pays que devaient occuper leurs troupes.

On

On arrêtait que la Belgique serait occupée par les Anglais ;

La rive gauche du Rhin, entre la Meuse et la Moselle, par les Prussiens ;

Le pays entre la Moselle et la frontière, par les Autrichiens et les Bavarois ;

Mayence, par 10,000 hommes de troupes autrichiennes et prussiennes ;

La Saxe, par les Russes. On verra plus tard les Prussiens remplacer les Russes dans ce dernier pays.

Le ministère français ne pouvait se dissimuler tout ce qu'il y avait d'humiliant pour la nation dans l'isolement où déjà l'on affectait de la laisser, et dans le soin que l'on prenait de ne pas lui accorder même une vaine apparence de participation à la distribution des territoires qui avaient été sous ses lois directes ou sous son influence. Faut-il le dire ? un lâche calcul faisait dévorer la honte : un ambassadeur accrédité en France, commandait en même temps une armée stationnée sur un territoire voisin ; il datait ses lettres de son quartier général de Paris. La cour n'avait eu ni le courage ni la prudence de se confier au peuple et à l'armée : elle ne cacha point qu'elle voyait un appui contre tous deux dans la présence de corps étrangers sur nos frontières. C'était à des troupes suisses qu'elle voulait devoir sa sûreté. Sa défiance avait commencé par être injuste : elle blessa les cœurs français, et finit par être fondée.

B

Cependant les souverains se réunissent à Vienne. Tout doit autoriser l'espoir d'un arrangemenr facile: leur langage, celui de leurs ministres et de leurs généraux, étaient un gage de la modération de leurs principes; la philantropie la plus pure avait respiré dans leurs proclamations; aucune puissance n'avait été animée que par les plus nobles motifs; loin d'elles toute idée d'agrandissement et de conquête! c'était pour la liberté et les droits des peuples qu'elles avaient combattu. C'est à consacrer maintenant la liberté et les droits des peuples que doit se borner toute leur politique. Les peuples, toujours confians, quoique souvent trompés, le supposent ainsi.

Les principaux objets qui doivent faire le sujet des délibérations du congrès, sont :

1.º La disposition des territoires auxquels la France a renoncé, ainsi que des autres territoires que l'Empereur NAPOLÉON avait possédés à autre titre que celui de chef du gouvernement français, ou qui étaient possédés par des individus de sa famille, et auxquels il a renoncé pour lui-même et pour eux :

C'est dans la masse de ces territoires que se trouvent les indemnités, restitutions ou acquisitions réclamées par l'Autriche, la Prusse et la Sardaigne;

2.º La fixation du sort de la Pologne, ou fixation des acquisitions de la Russie ;

3.º L'organisation de la confédération des États d'Allemagne;

4.º La garantie de l'organisation de la Suisse ;

5.º Les réglemens relatifs à la navigation du Rhin et de quelques autres fleuves ;

6.º L'abolition de la traite.

Le complément des déterminations adoptées sur ces divers objets devait être d'établir, d'une manière fixe, les rapports desquels résulterait un équilibre durable en Europe.

Nous ne nous proposons pas ici de présenter un exposé complet de ce qui s'est passé à l'égard de chacune de ces questions, mais d'examiner, dans la manière de procéder des divers cabinets, les principes et l'esprit qui les ont dirigés relativement à la France. C'est le nom de la France, la peur du retour de la grandeur de la France, qui a tout couvert, tout justifié : la France, pour ainsi dire, n'existait plus ; et son ombre était encore un épouvantail que l'on mettait en avant pour légitimer toutes les usurpations.

Les grandes questions de la Pologne et de la Saxe n'étaient point les plus importantes aux yeux d'une famille accoutumée à ne voir dans les affaires de l'état que son intérêt domestique et ses liens de dynastie. La seule question qui l'intéressât vivement, était l'expulsion du roi de Naples. Ce n'est pas avec d'aussi modestes prétentions que s'annoncent les cours de Pétersbourg et de Berlin. A peine leurs intentions se laissent apercevoir, que tout enchantement est détruit.

Dès le premier jour, il fut évident qu'il ne serait

guère question de peser des droits, d'établir des principes et de concilier les intérêts des princes avec la
justice; mais qu'il s'agissait seulement, pour quelques
cabinets, de consommer des projets arrêtés séparé-
ment ou de concert avec d'autres États, et de marcher
droit au but marqué par l'ambition la plus effrénée,
sans vouloir reconnaître d'obstacle. D'orgueilleuses
indiscrétions révélèrent tous les secrets des cours de
Prusse et de Russie. On ne venait que de se réunir
dans les derniers jours de septembre ; et déjà les pa-
roles capitales étaient prononcées; déjà l'on savait que
la Prusse projetait l'envahissement de la Saxe; déjà
l'empereur Alexandre avait déclaré hautement que
tout le duché de Varsovie était occupé par ses troupes,
et qu'il faudrait l'en chasser.

Quelque disposés que fussent les plénipotentiaires
français à une grande condescendance, ils sentirent
avec amertume l'état de nullité auquel on voulait les
réduire : ce ne fut pas sans surprise qu'ils virent les
principales puissances se grouper encore sous la dé-
nomination d'*alliés*, lorsque la cessation de la guerre
avait dû rendre chacune d'elles à son existence particulière, lorsque la France ne connaissait et ne pouvait
reconnaître, depuis le traité de Paris, aucun arrangement sur lequel ce titre fût fondé. L'*alliance* subsis-
tait en ce sens, que toutes les grandes cours conti-
nuaient à être d'accord pour humilier la France et
repousser son intervention. Un monarque qui, pen-

dant quelques années, avait recueilli tous les éloges que s'attire l'apparence de la modération, se trouvait emporté, comme malgré lui, à l'oubli de tous les ménagemens : tantôt il annonçait ses intentions décidées pour la réunion entière des provinces polonaises à la Russie; tantôt il laissait entrevoir l'idée de créer un simulacre de royaume de Pologne, dont un de ses frères serait roi en son nom, essayant les moyens qui lui offraient le plus de facilité pour s'assurer la possession de ce pays. En général, il n'hésitait pas à poser en principe que, dans les arrangemens à faire, il devait trouver ses convenances. Opposer le *droit* à ses prétentions, c'était s'attirer la réplique : « La » guerre donc ! Vous voulez donc la guerre ? » Une grande vérité fut alors démontrée à nos plénipotentiaires : ils reconnurent et ils avouèrent à leur cour, « que le retour des Bourbons, qui aurait dû donner » à des gouvernemens pacifiques tant de motifs de » sécurité du côté de la France, n'apportait aucune » restriction aux vues que les quatre grandes cours » avaient formées pour le cas même où un souverain » qu'elles avaient beaucoup plus de sujet de craindre » serait resté sur le trône; » ils reconnurent et ils avouèrent à leur cour, « que le but de l'armement « des alliés, si ce but avait été en effet le rétablisse- » ment de l'indépendance des peuples, était évidem- » ment abandonné par eux; que, dans l'Empereur » NAPOLÉON, ils n'avaient franchement détesté que

» ses succès. » La débonnaireté des Bourbons ne garantissait pas encore assez les puissances contre la nation française, et il leur fallait à toutes de nouveaux agrandissemens pour se trouver convenablement en balance avec elle. Ces cours dissimulaient si peu l'audace de leurs projets, que, dans la déclaration qui ajournait le congrès au premier novembre, les plénipotentiaires français eurent un choc violent à soutenir pour y faire insérer que les propositions sur lesquelles on aurait à délibérer, seraient conformes au *droit public*.

Tout en faisant cette concession aux ministres français, les prétentions de la Russie et de la Prusse n'en étaient pas moins contraires à ces principes, et les manœuvres des deux cours n'en étaient que plus actives pour s'assurer l'assentiment de l'Angleterre. L'empereur Alexandre mêlait ensemble les idées de l'indépendance de la Pologne et celles de son assujettissement, préparant ainsi la réalité de son assujettissement à l'aide du roman de son indépendance. Des mémoires conçus dans cet esprit étaient remis aux plénipotentiaires qu'il s'agissait de gagner. La Prusse, de son côté, épuisait tous les sophismes d'une logique léonine pour démontrer la justice de l'anéantissement de la Saxe; et de fortes autorités attestent que ces merveilleux raisonnemens avaient agi sur l'esprit flexible du chef de l'ambassade anglaise, au point que la noble et irréprochable conduite du roi de

Saxe était devenue à ses yeux une *trahison* qui méritait qu'on en fît un exemple aux yeux de l'Allemagne et de l'Europe. Si les plénipotentiaires français osaient élever la voix en faveur de la Saxe, et représentaient la nécessité d'empêcher la destruction de cette monarchie, les gouvernemens auprès desquels ils hasardaient ces excitations, leur répondaient avec une ironie insultante : « Vous ressemblez à des chiens qui » aboient assez habilement, mais qui ne mordront » pas, et nous ne voulons pas mordre seuls. » L'incurable faiblesse des Bourbons était ainsi déjà redevenue une calamité pour l'Europe : les puissances les plus modérées sentaient qu'elles ne pouvaient attendre d'eux aucun appui ; et, abandonnées à elles-mêmes, elles se rattachaient au système des cabinets spoliateurs, faute de trouver à Paris l'assistance nécessaire pour s'y opposer. La France cessant de mettre un poids principal dans la balance de l'Europe, le résultat naturel était de livrer une domination absolue à la Russie et à l'Angleterre. L'Autriche, incertaine, n'a point assez de résolution pour leur rompre en visière : elle plie, elle se soumet, et laisse un libre cours à des desseins qu'elle voudrait, mais qu'elle n'ose contrarier. On parle, on projette, et heureusement on hésite avant de conclure. Des dissentimens assez marqués arrêtent une détermination définitive ; mais, pour correctif à ces dissentimens, on s'accorde mieux que jamais dans un système d'opposition aux intérêts de la France, et de répulsion pour tout ce qui vient d'elle. On va jusqu'à *se repentir de la paix qu'on lui a accordée*. Il semble que l'ombre de NAPOLÉON poursuive les plénipotentiaires britanniques ; ils ne rêvent que système continental, et veulent organiser le monde de manière que jamais l'influence française ne puisse mettre d'entraves aux communications du commerce anglais sur le continent. De là leur volonté active d'agrandir la Hollande par l'acquisition des Pays-Bas, d'étendre les possessions du Hanovre et de la Prusse ; de là encore l'interdiction faite à l'Espagne, par une stipulation spéciale, de renouveler le pacte de famille, stipulation qui fut l'objet du voyage de lord Wellington à Madrid.

C'est en favorisant cette pensée unique de l'Angleterre contre la France, que les cabinets de Pétersbourg et de Berlin rendaient l'ambassade anglaise accommodante et facile sur leurs demandes. Cette ambassade ne voyait que dans la Prusse le garant de ses relations en Allemagne, et elle sacrifiait sans peine toutes les idées de justice à un calcul d'utilité : cependant, malgré sa disposition à se prêter aux vues du roi de Prusse et de l'empereur de Russie, le plénipotentiaire britannique aurait desiré en borner l'étendue. Il fut tout étonné du peu d'égard avec lequel ses représentations furent accueillies ; et, blessé d'un affront qu'il n'avait pas prévu, il montra quelque regret de n'être pas entré dans un projet proposé à Paris, et qui aurait tendu, après avoir détruit l'ascendant du gouvernement français, à détruire de même l'ascendant du cabinet de Pétersbourg. Il n'était plus temps; on avait manqué le moment : il ne restait plus que le parti de la complaisance.

Pour faire distraction aux débats que faisaient naître les deux questions délicates sur lesquelles on avait tant de peine à se mettre d'accord, on s'essaya sur des pays d'un ordre inférieur, dont les intérêts ne pouvaient pas avoir des défenseurs très-puissans. La fixation du sort de Gènes fut le prélude de celui dont la Pologne et la Saxe étaient menacées.

Un article secret du traité de Paris était conçu en ces termes : « Le roi de Sardaigne recevra un accrois- » sement de territoire par l'État de Gènes. Le port » de Gènes restera port libre, les puissances se ré- » servant de prendre à ce sujet des arrangemens avec » le roi de Sardaigne. » Au milieu de l'ivresse de leurs succès, les grandes puissances n'avaient pas négligé de laisser aux questions qu'elles ne décidaient pas sur-le-champ, un sens vague et susceptible de diverses interprétations, de manière à pouvoir leur donner plus tard celle qui leur conviendrait le mieux. Un espoir de salut était encore permis à la république de Gènes, si quelque grande puissance avait voulu se déclarer pour elle. En vain l'un des plénipotentiaires représenta que, d'après l'article secret, s'il y avait lieu à prendre sur le territoire de Gènes une compensation pour la partie de la Savoie cédée à la France, on n'était pas autorisé à disposer de la totalité de ce territoire ; l'Autriche et la Russie furent d'avis que ce n'était pas *sur* le territoire, mais *par* le territoire de Gènes que le roi de Sardaigne devait être indemnisé, et que, le fond de la question étant décidé par le traité de Paris, le congrès n'était appelé à délibérer que sur les moyens d'exécuter ses dispositions.

Le plénipotentiaire britannique ne pouvait nier que *lord Bentinck n'eût flatté les Génois d'une entière indépendance :* mais, pour atténuer les engagemens contractés au nom de l'Angleterre, il prétendait que ce général avait outrepassé ses pouvoirs ; toutefois il ne soutenait que faiblement cette assertion. Tout le secours qu'il prêta aux Génois fut de les assurer qu'il tâcherait d'adoucir le sacrifice qu'on exigeait d'eux. Il comparait la réunion de leur pays avec le Piémont à celle de l'Irlande avec l'Angleterre, et il se faisait fort de leur procurer à Turin tous les avantages que l'Irlande avait obtenus à Londres. Les plénipotentiaires français, qui d'ailleurs avaient sacrifié Gènes sans scrupule, demandaient avec ironie dans quel parlement le noble lord ferait figurer les députés de Gènes : ils trouvaient que ce ministre ne connaissait de la terre-ferme que le blocus continental, dont il portait par-tout le souvenir et l'effroi.

L'incorporation de Gènes au Piémont est le seul

point sur lequel il y ait eu, pendant la session du congrès, une presqu'unanimité d'opinions. La raison en est simple : quoique la république de Gènes eût dû, comme tous les pays auxquels la France avait renoncé, reprendre l'existence qu'elle avait avant sa réunion au territoire français, cette république n'étant point en état de faire valoir ses droits, le congrès, qui ne reconnaît de droits que ceux qui sont appuyés par la force, a disposé d'elle comme d'un domaine acquis par la conquête. Pour la première fois comme pour la dernière, la Russie, l'Angleterre, l'Autriche et la France ont été d'accord, et c'est pour la destruction de l'indépendance d'un peuple libre. Les États qui se prêtent volontairement à une telle violation de tous les principes de justice, s'interdisent à eux-mêmes la faculté de les invoquer ensuite dans les circonstances où ils auraient intérêt à les faire respecter. C'est ce qu'ont éprouvé plus tard les cours de France et d'Autriche.

Le cabinet de Vienne, soit éloignement pour les Bourbons, soit manque de confiance dans leurs intentions ou dans leurs moyens, s'était laissé entraîner à une sorte de dépendance de la Russie et de la Prusse : sur-tout il s'entendait parfaitement avec elles lorsqu'il s'agissait de causer des désagrémens à nos plénipotentiaires, pour fermer tout accès à leur influence, même indirecte. Il mettait en principe, dans les conférences d'office, que le congrès n'était pas un congrès ; que la forme délibérante n'y pouvait pas être admise ; que l'ouverture du congrès n'avait pas été une ouverture ; que les commissions nommées pour préparer le travail n'étaient que des chances de négociation ; que dans la réunion des puissances à Vienne, il ne fallait voir que *l'Europe sans distance,* réunion qui ne mettait en contact obligé que les États qui avaient droit d'y être. Ce langage toujours hostile contre l'intérêt de la France, était le seul lien qui tenait réunis les principaux cabinets. Au moment où il fallait en venir à des décisions définitives, l'exigence russe et prussienne se faisait plus vivement sentir. On était forcé, par un dernier sentiment d'honneur, de faire quelques efforts pour y mettre des bornes. La voix des habitans de Vienne, la voix de l'armée, reprochaient au ministère son extrême condescendance. Les vieux Autrichiens étaient effrayés de l'extension de deux puissances qu'ils étaient accoutumés à redouter et à haïr. Un conseil d'état avait été d'avis « que la Russie ne pouvait s'avancer » au-delà de la Vistule sans menacer la sûreté des » positions militaires de l'Autriche, et qu'il était encore plus important pour l'Allemagne d'empêcher » que les défilés de la Saal ne fussent dans les mains » de la Prusse. » Réveillé par le cri public et par les remontrances du conseil, le ministère essaie de reprendre quelque énergie. L'essai réussit mal auprès d'un souverain qui ne croyait plus devoir trouver d'obstacle à ses volontes : les observations de l'Autriche n'ont pas plus d'effet que celles de la Grande-Bretagne. La résistance qui se manifeste d'un côté, ne fait qu'accroître, de l'autre, les éclats d'une indiscrète présomption. Un voyage en Hongrie montre à l'Autriche l'empereur Alexandre entouré de sectateurs du rit grec, auxquels il prodigue les égards et les cajoleries. On paraît au moment de ne plus s'entendre. Le grand-duc Constantin part brusquement pour Varsovie (9 novembre) ; vingt-cinq mille hommes de troupes autrichiennes se rendent dans la Gallicie ; des deux côtés on est dans l'attente : mais il n'est pas malaisé de prévoir quelle est celle des parties qui cédera la première.

Plus puissans que l'opposition des cours, les murmures des peuples d'Allemagne avaient forcé la Prusse à renoncer au projet d'envahir la totalité du territoire saxon. La cour de Berlin se montra disposée à en laisser subsister *un noyau*. L'Autriche consentit à négocier sur cette base, et demanda que la Saxe conservât les trois quarts de ses possessions. Tandis que la question était dans cet état indécis, la Russie et la Prusse songeaient à s'assurer, par une occupation effective, le terrain que l'on prétendait leur disputer par la négociation. Le duché de Varsovie recevait une nouvelle organisation par les ordres de l'empereur Alexandre, et les troupes russes remettaient la Saxe aux troupes prussiennes. Cette dernière disposition fut annoncée par une proclamation du prince Repnin, en date du 3 novembre, portant que « l'ad- » ministration du royaume de Saxe était mise entre » les mains de S. M. le roi de Prusse, en vertu d'une » convention entre la Russie et la Prusse, et à laquelle » l'Autriche et l'Angleterre avaient accédé. » Cet audacieux coup de parti excita les réclamations de l'Autriche et de l'Angleterre. A la honte de ces deux puissances, leurs ministres des affaires étrangères avaient, par des notes du 10 et du 22 octobre, souscrit au détrônement du roi de Saxe. Ils ne purent se plaindre que de l'indiscrétion qui trahissait leur consentement avant qu'on fût d'accord sur les con- ditions dont ils le faisaient dépendre. Ces conditions étaient celles du réglement des limites en Pologne. Une transformation aussi abusive d'un consentement conditionnel en un consentement définitif, et l'exé- cution immédiate des dispositions sur lesquelles il portait, auraient été, dans toute autre circonstance, une cause plus que suffisante de rupture. Tout se réduisit à des plaintes peu honorables pour les mi- nistres qui s'y trouvaient obligés. On parla de se liguer contre les deux États qui bravaient ainsi tous les droits des autres nations ; et l'ambassade anglaise fit entendre qu'en cas de guerre à cette occasion, son gouvernement fournirait des subsides.

L'effet ne suivit point la menace. Lorsque les plé- nipotentiaires français, prompts à saisir une lueur favorable, parurent vouloir offrir leur concours, ils acquirent la triste conviction que c'était, avant tout, un point formellement arrêté de les rendre entièrement étrangers à la décision de ces importans objets. Leurs offres étaient par-tout mal accueillies, mais par des considérations différentes : l'Autriche repoussait la coopération qu'ils proposaient, parce qu'elle la regardait comme ne pouvant qu'être illusoire et sans efficacité ; l'Angleterre, qui craignait qu'elle ne fût trop active encore, la rejetait, de son côté, sous prétexte qu'elle pourrait être nuisible au repos de la Belgique et de la rive gauche du Rhin. D'après la franchise de cet aveu, on voit que les secours même de la France étaient réputés dangereux, et qu'on eût mieux aimé périr que de se laisser sauver par elle. Depuis la publication de la pièce scandaleuse signée par le prince Repnin, une sainte indignation avait éclaté à Londres, comme dans toutes les autres contrées de l'Europe, et les plénipotentiaires britanniques purent croire que leur responsabilité courait quelque péril. Ils se réveillèrent un moment, et prirent un langage un peu moins indigne d'une nation libre. Le ministère autrichien, se sentant appuyé, s'arma d'une force qu'il n'avait pas eue encore : mais la lutte n'était pas à son terme ; les notes prussiennes étaient loin de perdre de leur dévorante énergie. Les formes en étaient même quelquefois tellement prononcées, qu'un retour de pudeur empêchait la Russie d'y donner sa sanction. En vain la commission chargée des travaux statistiques prouve que l'incorporation de la Saxe à la Prusse n'est pas nécessaire pour que celle-ci obtienne plus que les traités ne lui assurent ; en vain l'empereur d'Autriche montre personnellement une courageuse opposition à la ruine d'une famille qui lui est chère : le cabinet de Berlin ne craint pas de présenter un nouveau plan dans lequel la Saxe entière se trouve encore une fois comprise comme destinée à devenir province prussienne. En persévérant avec une inflexible ténacité dans la totalité de ses demandes, ce cabinet, aguerri aux reproches et à la haine, suit une marche fixe, lasse la patience des autres parties, et finit par arracher beaucoup plus qu'on n'aurait cru jamais devoir lui accorder. Des projets, des contre-projets s'échangent entre les plénipotentiaires. Le ministre d'Angleterre fléchit de nouveau : il admet le principe du démembrement ; et, parce que la monarchie saxonne n'est pas entièrement anéantie, il se flatte d'avoir payé sa dette au principe de conservation : il met, d'ailleurs, peu d'importance à la fixation de l'étendue de territoire qui échappera à l'incorporation. Dès qu'un appui étranger lui manque, le ministère autrichien est sans vigueur ; et il consent que la Prusse acquière aux dépens de la Saxe une population de sept cent quatre-vingt mille ames. La monarchie saxonne se trouvera ainsi réduite de deux millions

millions d'habitans à treize cent mille. La spoliation est consommée. Le Nestor des souverains, le prince le plus fidèle à tous les devoirs de l'honneur et du trône, se voit enlever près de la moitié de ses États ; et l'on regarde comme un prodige de succès d'avoir pu lui en assurer le reste : on proclame à Paris, avec une ridicule jactance, qu'*on a sauvé la cause royale, la cause de la légitimité*. Oui, la cause de la légitimité a pu paraître sauvée aux yeux de princes qui demain seraient prêts à sacrifier la moitié de leurs États pour régner honteusement sur l'autre ; mais il n'en a pas jugé ainsi, cet estimable monarque dont, à la honte de la dignité souveraine, on a flétri l'existence et voulu avilir les derniers jours. Le prince qui tenait, avant les maîtres actuels, le sceptre de la plus vaste domination, a été accusé d'avoir quelquefois gardé trop peu de mesure dans le cours de ses prospérités ; mais, à une autre époque, la guerre avait aussi mis dans ses mains les destinées du roi de Saxe. Abusa-t-il alors de cette faveur de la fortune ? Il en remercia le ciel ; il rendit à Frédéric-Auguste ses États héréditaires : il lui rendit même une autre couronne qu'avaient portée ses aïeux, et il s'honora de son amitié comme de la plus belle de ses conquêtes.

Dans le temps que l'on mettait en question à Vienne l'existence de la monarchie saxonne, ou que l'on délibérait sur la portion de cette monarchie que l'on voudrait bien laisser au roi, ce prince avait, par une protestation tout-à-la-fois ferme et mesurée, donné à ses sujets une nouvelle preuve de son amour pour eux, et à sa famille, comme aux autres rois, un bel exemple de la dignité que peut conserver la vertu dans l'infortune. La noble élévation de son langage formait un éclatant contraste avec la hardiesse effrénée de celui de ses adversaires, et la mollesse, pour ne pas dire la lâcheté·de la plupart de ses défenseurs. S'il arrivait jamais que ce prince se décidât à transiger sur la cession d'une partie de son territoire, on devrait respecter en lui l'effort de ce grand sacrifice, parce qu'il ne s'y déterminerait qu'au moment où l'intérêt de ses peuples et la sagesse même lui en feraient un devoir.

Nous venons de suivre, sans nous arrêter, les progrès de la négociation dont la Saxe a été la victime. Nous avons vu la Russie et la Prusse, unies dans leurs projets, en forcer la réussite par leur invariable obstination ; l'Angleterre et l'Autriche, tour-à-tour humbles et menaçantes, sacrifier les droits du plus faible à la volonté du plus fort ; enfin la France, du moins à l'égard de la Saxe, estimable dans ses intentions, hasarder sans fruit l'offre d'une intervention que l'on refusait de reconnaître, ou des secours auxquels on ne croyait pas. Pour dissiper les impressions pénibles qu'un tel tableau n'a pu manquer de produire, il sera doux de reposer un moment nos regards sur un spectacle plus honorable pour l'autorité royale : c'est la Bavière qui nous le présente. La Bavière est, de toutes les puissances, celle qui a conservé, au milieu des iniquités du congrès, le plus noble caractère ; celle qui a fait le plus d'efforts pour le salut de la Saxe ; celle dont la volonté a été le plus décidée, dont les vues ont été le plus pures, les dispositions le plus énergiques. Dès les premiers momens, elle n'a pas hésité à s'offrir comme prête à entrer dans un concert militaire avec l'Autriche et la France pour empêcher l'exécution des projets annoncés à l'égard de la Saxe et de la Pologne. C'est une circonstance toujours douce à saisir, que d'avoir à donner, à des individus ou à des gouvernemens, des témoignages d'approbation et d'estime. Ici nous trouvons ce double avantage. Les sentimens de la cour de Munich étaient louables et généreux, et son plénipotentiaire s'en est montré le digne organe. C'est un monarque dont la souveraineté ne s'étend que sur quelques millions d'hommes, qui proposait avec le plus de vigueur une levée de boucliers contre les deux États qui fondaient leur agrandissement sur la ruine de leurs voisins. Qu'on ne dise pas, pour affaiblir le mérite du dévouement de la cour de Munich, que c'était pour elle-même qu'elle combattait en combattant pour la Saxe. Assurément c'est sa propre cause que soutenait cette cour en défendant la cause de la justice ; et s'il eût été admis que la Prusse pouvait démembrer la Saxe impunément, le même principe eût pu autoriser l'Autriche à démembrer un jour la Bavière. Mais que peut-on demander de plus à un souverain, que de savoir maintenir l'existence et l'indépendance du pays qu'il gouverne? C'est là que réside la plus belle gloire des princes. Pour avoir été dictée par le sentiment d'un intérêt bien entendu, la conduite de la Bavière n'en est pas, par conséquent, moins digne d'éloges. Dans les ouvertures qui avaient eu lieu, on était allé jusqu'à convenir « qu'une opération offen- » sive faite par les débouchés de la Franconie sur » l'Elbe, couperait les armées prussiennes de leur » corps sur le Rhin, et d'une grande partie de leurs « ressources. »

Cette question n'est pas la seule sur laquelle la conduite de la cour de Munich ait été honorable et ferme.

L'organisation du système fédératif de l'Allemagne exigeait une double discussion ; savoir :

1.° Sur la constitution politique des États de la confédération ;

2.° Sur l'état territorial des pays qui devaient en faire partie.

Sous le premier point de vue, la Bavière a su parer le coup dont les États germaniques étaient menacés par le cabinet de Berlin. Les ministres prussiens mettaient si peu de soin à déguiser leurs vues de domination sur les États du second ordre, qu'ils proposaient d'exiger, dans la nouvelle confédération germanique, la renonciation des États confédérés au droit de légation et à celui de la guerre ou de la paix. C'était enlever aux princes tous les droits de la souveraineté, tous les droits qui leur avaient été accordés même par la bulle d'or, qui leur avaient été assurés par la paix de Westphalie, et qu'ils avaient conservés dans la confédération du Rhin. C'était enfin, pour prix de leurs efforts contre la France, les constituer vassaux des deux ou trois grandes cours dans le cercle desquelles ils se trouveraient placés. La Prusse, dont la confiance se croit tout permis, voulait en outre soumettre la ligue germanique à une direction suprème qu'elle aurait partagée avec l'Autriche. Ce fut encore la Bavière qui fit échouer ce plan, en demandant que la direction alternât. Comme il était évident que la tendance du cabinet de Berlin était d'abord d'arriver à l'envahissement de la Saxe, et ensuite de l'affermir par l'ascendant qu'elle se serait assuré sur la confédération allemande, la Bavière, également décidée à lutter contre l'un et l'autre de ces projets, ordonna une forte levée de recrues, et porta son armée à soixante-dix mille hommes.

L'exemple de la Bavière ranima le courage des États dont les intérêts étaient les mêmes. Le Würtemberg se prononça aussi avec force dans le même sens. Le grand-duc de Bade, le grand-duc de Hesse et les autres princes d'un ordre inférieur, se montrèrent pareillement jaloux de mettre leur indépendance à l'abri de semblables entreprises. Ces princes réclamèrent sur-tout vivement contre le procédé injurieux qui, au mépris de l'article du traité de Paris par lequel ils étaient appelés à délibérer sur la formation du lien fédéral, les rendait étrangers à ces délibérations, et ne leur laissait que l'humiliante perspective d'être obligés de se soumettre à une organisation à laquelle ils n'auraient point concouru.

De tout temps la France avait été l'appui des États germaniques : dans cette dernière circonstance, nous les avons abandonnés entièrement à eux-mêmes ; aucune démarche de la part de nos plénipotentiaires ne les a protégés contre le système oppresseur qui les menaçait : c'est à la Bavière qu'il était réservé de les en garantir.

A l'égard de la fixation de l'état territorial des États de la confédération, on sait que les intérêts du plus faible ont rarement à gagner à des arrangemens de cette espèce. Diverses propositions ont été débattues ; et toutes auraient eu pour effet nécessaire de reporter plus près du territoire français la démarcation des limites de plusieurs États, comme la Bavière, le Würtemberg et Bade. L'Autriche avait sur-tout vivement à cœur d'améliorer sa frontière aux dépens de la cour de Munich, toutefois en offrant ailleurs à cette cour une indemnité satisfaisante. L'abandon de l'Innviertel et du pays de Salzbourg était un sacrifice auquel il coûtait beaucoup à celle-ci de se déterminer.

L'une des circonstances qui ont contribué le plus à entretenir entre les diverses puissances une sorte d'harmonie, malgré le croisement de leurs intérêts les plus sérieux, a été la multiplicité des objets sur lesquels se partageait leur attention. La facilité de passer sans cesse d'une question à une autre, sans prendre d'ailleurs aucun parti absolu, était une ressource commode ; et lorsque le froissement d'opinions contradictoires paraissait prêt à rendre un éclat inévitable, une transition adroite, en portant les débats sur un sujet qui offrait moins de difficultés, apaisait l'orage déjà soulevé, et rappelait la paix prête à s'enfuir. De la Pologne, de l'Allemagne et du Nord, on se jetait en Italie, ou d'Italie on remontait vers le Nord, vers la Pologne et l'Allemagne. Les débats sur l'Italie n'occupaient que médiocrement la Russie et la Prusse, en sorte que l'Autriche, contrariée ailleurs, ne trouvait là qu'une opposition dont elle se faisait un jeu. Le détrônement du roi de Naples était le seul point qui lui parût offrir des difficultés ; cependant la perte de ce prince finit par être résolue. Instruit du sort qu'on lui réservait, celui-ci a cru pouvoir s'y soustraire en courant au-devant du danger : le combat était trop inégal, et nous venons d'en voir l'issue.

Quelques autres objets d'une importance moins

grande encore servaient d'intermède aux discussions animées qui avaient lieu sur les grandes questions de la Saxe, de la Pologne et de l'Italie.

Telle était la décision à prendre sur la navigation du Rhin et de l'Escaut. L'exécution du paragraphe de l'article 15 du traité de Paris, qui porte que « dorénavant le port d'Anvers sera uniquement un » port de commerce », avait été remise à une commission spéciale.

On avait de même soumis à une discussion particulière la fixation des tarifs de l'octroi du Rhin.

La question du salut en mer avait été produite sans avoir été discutée. Au moment de s'en occuper, chaque plénipotentiaire se trouvait avoir besoin de recevoir de nouvelles instructions de sa cour.

L'abolition de la traite a été le sujet d'une discussion suivie. Le ministère britannique, qui n'y voit qu'une affaire de calcul, en a fait pour sa nation une sorte de fanatisme, auquel il semble maintenant ne faire lui-même qu'obéir. L'Espagne et le Portugal s'opposaient vivement à ce qu'on admît à débattre cette question, des puissances qui n'ont point de colonies. La complaisance qu'on était accoutumé à montrer pour l'Angleterre, ne permit pas d'avoir égard à leurs objections. Le plénipotentiaire de Portugal a déféré au vœu du gouvernement anglais ; il a renoncé pour sa cour à la traite au nord de l'Équateur.

Cette influence de la cour de Londres se faisait sentir dans toutes les affaires où il pouvait exister un intérêt pour elle. L'Angleterre attaquait ou défendait les droits des peuples et ceux de l'humanité, selon que l'un ou l'autre parti lui offrait plus ou moins d'avantages. Elle se laissait aller à livrer les Saxons à la Prusse, parce que la Prusse lui paraissait l'un des principaux arcs-boutans de sa puissance continentale; parce que la Prusse, d'un autre côté, lui faisait une cession importante sous le double rapport de ses communications directes avec le continent et de l'agrandissement du Hanovre. Cette cession est celle de l'Ost-Frise, qui introduit par l'Ems le commerce anglais en Allemagne, indépendamment de toute volonté étrangère.

Entre les puissances qui se montraient le plus avides d'englober des territoires étendus et de nombreuses populations, on est d'accord pour placer en première ligne la cour de Berlin, dont l'esprit fiscal chiffre les hommes comme les écus, et calcule leur valeur comme celle de l'argent, selon qu'il est placé à tel ou tel intérêt. On en était venu au point d'évaluer les hommes, non sous le rapport de quotité, mais sous le rapport d'utilité; en sorte que l'habitant de tel pays ne représentait que le quart ou le cinquième de l'habitant de telle autre contrée.

La cour de Berlin se distinguait encore par son adresse à transformer ses prétentions en droits, et à ne se désister d'une prétention même mal fondée qu'en arrachant un prix quelconque de ce désistement. Il lui avait plu de demander Leipsig, et les autres puissances se refusaient à imposer encore à la Saxe ce dernier sacrifice. L'orgueil prussien fut blessé de ce refus; on vit alors *un des chefs de la société de la vertu* écrire, de sa propre autorité, aux plénipotentiaires britanniques, que la Prusse ne consentirait jamais à se dessaisir d'une ville qui était un si beau monument de sa gloire. On fut choqué à Vienne d'une telle insolence, et cependant on y céda en partie. La cabinet de Berlin n'abandonna cette demande qu'en recevant, au lieu de Leipsig, la place de Thorn, point militaire auquel il mettait beaucoup d'importance, et que l'empereur de Russie consentit à lui rendre.

En 1782, la population de la monarchie prussienne n'était encore que de quatre millions huit cent un mille cinq cents ames; de 1782 jusqu'à la guerre de 1806, elle s'était accrue de trois millions cinq cent vingt mille, ce qui lui donnait alors huit millions trois cent vingt-un mille cinq cents habitans. Par les traités qu'elle a conclus dans la dernière guerre, sa population devait être portée à dix millions; et c'est pour obtenir ce nombre et au-delà, qu'elle a perfectionné au plus haut point le secret de l'estimation des hommes et le calcul de leur valeur relative.

Tout ce qui pouvait offrir aux alliés une occasion

de réprimer les moyens d'ascendant de la France, ou de lui montrer l'intention même gratuite de la circonscrire dans les plus étroites limites, était saisi par eux avec empressement. L'amour-propre se joignait à l'intérêt politique, et l'on voulait refaire même ce qui était bien, afin de ne plus voir nulle part l'ouvrage d'une main ennemie. L'acte de médiation qui faisait, depuis dix ans, le bonheur de la Suisse, ne pouvait échapper à ce système de destruction ou de réforme. Un monarque puissant déclara aux députés de la diète qu'il ne quitterait pas Vienne sans avoir arrangé leurs affaires. Ces affaires furent confiées à une commission. Afin de s'assurer une influence durable sur la diète, on sentit qu'il fallait lui procurer des avantages pour la conservation desquels la Suisse eût besoin de la même protection qui les lui aurait fait obtenir : on lui accorda, en conséquence, du côté du territoire français, tout ce qu'il était possible de lui céder. Les ministres de France, quoiqu'ils ne pussent méconnaître le but d'une telle conduite, entrèrent presque dans les mêmes vues, et montrèrent aux cantons aristocratiques une préférence marquée sur ceux qui avaient une organisation plus populaire. Ils se prêtèrent avec une incroyable facilité à l'idée d'un échange de territoire entre la France et l'évêché de Bâle, resté à la disposition des puissances, échange basé sur l'acquisition d'un nombre d'habitans double de celui qui serait cédé par nous : comme si des

Français pouvaient trafiquer de leurs concitoyens et les enlever malgré eux à leur patrie ! L'échange n'a pas été admis tel qu'il avait été proposé ; mais nous n'en avons pas moins appris que l'un des derniers actes des plénipotentiaires des Bourbons a été de céder plusieurs communes du pays de Gex. Dans les projets précédemment débattus, les plénipotentiaires de France demandaient pour condition de la complaisance du gouvernement royal, que le canton de Berne fût remis en possession de la portion du territoire d'Argovie qu'il possédait autrefois. Ainsi la générosité du gouvernement royal envers la Suisse, ou plutôt sa cruauté envers des Français, avait en outre une intention hostile contre une partie d'un canton indépendant que nous voulions priver de ses droits, pour donner des sujets de plus au canton de Berne, et gagner les bonnes grâces de quelques familles qui dominent dans ce canton.

L'indemnité du roi de Danemarck, pour la perte de la Norwége, avait donné matière à des discussions dont on ne connaît point encore le résultat. La Suède refusait de lui céder la Poméranie suédoise, quoique cette cession eût été stipulée par le traité de Kiell. Le motif sur lequel la cour de Stockholm fondait ses refus, était que ce n'est point en vertu du traité de Kiell que la Norwége lui appartient, puisqu'elle a été forcée de la conquérir.

En échange de l'accroissement de territoire accordé

à la Hollande dans les Pays-Bas, on demandait au prince d'Orange sa renonciation aux possessions héréditaires de sa maison en Allemagne. Les révolutions fréquentes de la Hollande ont appris à cette maison à connaître tout le prix de possessions particulières qui, échappant aux bouleversemens des États, peuvent toujours être une ressource précieuse dans les grands revers. Le prince d'Orange ne s'est pas montré disposé à cette renonciation.

Parmi les dissidences d'opinions des souverains entre eux sur des matières plus ou moins graves, il en est une qui peut-être mérite d'être remarquée, précisément parce que cette dissidence ne tenait à aucun calcul de puissance ou d'intérêt particulier. L'Europe a retenti du bruyant appareil avec lequel l'ambassade française a fait célébrer à Vienne l'anniversaire du 21 janvier. Tous les princes ne furent pas du même avis sur la convenance de cette cérémonie. Elle fut improuvée par l'un des monarques qui occupaient les premiers rangs au congrès; et la veille de cette lugubre fête, ce prince affirmait encore hautement qu'il n'y voyait aucun but utile. Son envoyé auprès de la cour de Vienne avait allégué des prétextes pour s'abstenir d'y assister.

Telle était à Vienne la position des choses au moment où l'on y reçut la nouvelle du débarquement de l'Empereur NAPOLÉON à Cannes.

Quelques objets seulement avaient été réglés; tous

les autres étaient encore indécis. Les objets réglés étaient l'incorporation de Gènes au Piémont et celle d'une partie de la Saxe à la Prusse. Ces deux articles exceptés, on n'avait pu se mettre d'accord sur le reste ; les difficultés s'augmentaient chaque jour. On ne savait pas alors quelle serait la portion du territoire polonais cédée à la cour de Berlin, quelle serait la portion que se réserverait la Russie : ce sont les gazettes seules qui nous ont appris que l'une des divisions du territoire prussien porte le titre de grand-duché de Posen. On ne savait pas quelle serait la démarcation tracée en Gallicie entre la Russie et l'Autriche ; question si importante, que le gouvernement autrichien aurait sans contredit fait la guerre pour reporter plus loin la frontière russe, si les Bourbons avaient été en état de le soutenir.

Dans les mois de mars et d'avril derniers, il paraît que le sentiment d'animosité, toujours subsistant contre la France, et redoublé par le retour de l'Empereur, a facilité la conciliation de quelques intérêts et amené des transactions du moins apparentes sur des points long-temps contestés. Pressés de s'unir pour agir ensemble, ces cabinets ont pu envelopper dans des arrangemens de circonstance des principes d'opposition permanente et réelle ; mais ces principes ne sont pas détruits, et ils se reproduiront à la première occasion qui en favorisera le développement. Les affaires qui semblent avoir été le plus récemment terminées sont celles de la Suisse :

comme il n'y avait là aucun motif de conflit entre les puissances, il est tout simple que le concert n'ait pas été difficile. On a été aussi sur le point de s'entendre à l'égard des cessions à faire par la Bavière à l'Autriche et des indemnités de ces cessions; mais le grand-duc de Bade ayant protesté contre le déplacement de possession qui résulterait pour lui de l'arrangement projeté, la cour de Munich, s'armant elle-même d'une plus vigoureuse résistance, est parvenue à rester saisie des territoires dont on lui demandait l'abandon. Parmi les actes les plus récens du congrès, il en est deux qui, quoique fondés aussi sur des bases trop peu satisfaisantes, ont cependant un caractère plus honorable que tous ceux qui les avaient précédés. Bien que la Russie eût fait espérer aux Polonais, sinon de rétablir le royaume de Pologne, du moins d'appliquer le titre de royaume à une portion de l'ancien territoire polonais, on hésitait à remplir cette espérance. D'un autre côté, l'Autriche avait repoussé les demandes que faisaient les peuples du royaume d'Italie d'avoir un gouvernement particulier. Les noms en politique ne sont pas de vains mots, et le titre que conserve un pays peut être d'une grande importance pour ses destinées futures. L'empereur NAPOLÉON reparaît; la résistance qu'on avait mise aux vœux des peuples présente quelques dangers aux cabinets de Pétersbourg et de Vienne. Le mois d'avril dernier voit proclamer un royaume de Pologne et un royaume de Lombardie. Ce triomphe sans combat, qui rend à deux peuples une existence nationale, n'est pas le moins flatteur dont l'Empereur puisse s'honorer.

Quoique la notification par laquelle l'empereur Alexandre annonce qu'il va prendre le titre de roi de Pologne, porte que ce sont de simples formalités à remplir qui empêchent de faire connaître les arrangemens définitifs arrêtés à l'égard de ce pays, il n'est pas déraisonnable de supposer qu'il n'a encore été admis à cet égard qu'un état provisoire ou conditionnel, dont la fixation reste subordonnée à l'issue du combat auquel on se prépare. C'est l'impossibilité de s'entendre sur le fait délicat de leur délimitation mutuelle, qui, l'an dernier, porta la Russie et l'Autriche à renvoyer tout ce qui les concernait à une discussion éloignée, afin de rester en bonne intelligence, du moins jusqu'au moment de cette discussion. C'est cette impossibilité de s'entendre qui a déjà prolongé au-delà de six mois une réunion à laquelle on n'assignait qu'une durée de quelques semaines ; qui a, des deux côtés, fait faire des démonstrations menaçantes ; qui a porté les deux parties à maintenir un certain nombre de troupes sur le pied de guerre ; qui a donné lieu à plus d'un projet de ligue contre l'une de ces puissances, et offert plusieurs fois l'apparence d'une prochaine rupture ; en sorte qu'aujourd'hui leur nouvelle association contre la

France

France peut n'être en effet qu'un expédient utile qu'elles auront été empressées à saisir, pour éviter un éclat entre elles.

Il est une crainte que des hommes sages et prévoyans avaient conçue pendant le régne momentané des Bourbons, et cette crainte semble aujourd'hui n'avoir été que trop bien fondée. La politique générale des puissances alliées était de laisser se déconsidérer la France sous la dynastie dégénérée qui lui avait été rendue; de laisser se dissoudre les restes de la brave armée qui imprimaient encore de l'effroi à ses prétendus vainqueurs, et d'assoupir la nation dans les langueurs d'une honteuse indolence, ou de la livrer aux déchiremens de la guerre civile. Dans l'une ou l'autre hypothèse, c'est la France qui était destinée à terminer les contestations existantes entre l'Autriche et la Russie, et à sceller leur accord. Il serait impossible d'admettre que jamais la cour de Vienne eût pu consentir à laisser au cabinet de Pétersbourg la presque totalité du duché de Varsovie, si elle-même n'eût vu, pour prix d'une pareille cession, l'acquisition prochaine d'une grande et riche indemnité. C'est dans cet esprit que les grandes cours ont regretté d'avoir signé la paix de Paris. Si, au moment d'éclater l'une contre l'autre, elles ont su contenir leur ressentiment mutuel, c'est qu'elles se figuraient chaque jour que des circonstances nouvelles leur permettraient de reprendre aux

Bourbons une partie de ce que la paix de Paris avait
respecté. La Bourgogne, l'Alsace et la Lorraine ont
paru aux puissances une proie que l'incapacité de nos
rois leur abandonnerait tôt ou tard, et tout annonce
qu'elles ne comptaient pas attendre long - temps.
Ce n'est pas là un soupçon qu'ait enfanté une peur
chimérique : les indiscrétions des journalistes alle-
mands (1) l'ont autorisé avec une audacieuse franchise.
L'Empereur Napoléon revient en France : le mode
de la question est changé ; le fond est toujours le
même. Cette circonstance devient elle-même un prétexte heureux dont on se hâte de tirer parti. Ce n'est
plus sur la faiblesse du gouvernement français, ce
n'est plus sur les fautes d'une administration inha-
bile , que l'on peut compter pour nous arracher

(1) Les habitans de l'Alsace n'ont point cessé d'être un peuple
allemand..... Ils nous appartiennent de droit, et il faut attendre le
moment favorable qui va les ramener dans le sein maternel. (*Mer-
cure du Rhin* , 18 janvier 1815.)

Par cette réunion , l'organisation définitive de l'Empire germanique ne tardera pas à faire naître aux Lorrains le desir irrésistible
de revenir à leur première patrie , et la France sera enfin forcée à
renoncer pour jamais à l'injuste possession de ces deux pays. Alors
la Prusse pourra, pour le bien de l'Empire , rétablir cette ancienne
et puissante Austrasie, et régner dans le cœur de l'ancien pays des
Francs. *(Ibid.)*

Si la France n'est pas vaincue et partagée cette fois-ci , les événemens de l'année dernière n'auront fait qu'une courte interruption
de la monarchie universelle. La France partagée ou les chaînes de
la France , voilà notre alternative. (*Ibid.* 28 mars 1815.)

quelques provinces encore nécessaires au complète-
ment de l'accord des cours de Pétersbourg, de Berlin
et de Vienne : c'est de l'état de désarmement où
l'Empereur trouve la France, des embarras d'un premier moment, de quelque conflit d'intérêts dans l'in-
térieur, qu'il faut profiter pour accabler sous la
réunion d'une masse immense de troupes ce qui reste
encore sous nos drapeaux de bons officiers et de
braves soldats échappés à la désorganisation d'une
cour anti-française. Les puissances, par leur affecta-
tion à ne se déclarer ennemies que de l'Empereur,
espèrent jeter de l'odieux sur son retour, en le pré-
sentant comme la seule cause de la guerre. La guerre
aurait eu lieu de même sans son retour, mais seulement un peu plus tard ; ou si elle n'avait pas eu
lieu, c'est que tel eût été bientôt notre affaiblisse-
ment, que nous aurions été incapables de la soutenir ; c'est que nous aurions été soumis au malheur
et à l'opprobre d'un démembrement, sans pouvoir
du moins ennoblir notre chute par une glorieuse dé-
fense. L'Empereur, en revenant parmi nous, vient
nous sauver de la honte qui planait sur nous de toute
part ; il nous sauve de la honte d'être, dans l'inté-
rieur, asservis aux priviléges d'une caste insolente,
aux préjugés féodaux et au joug de la superstition ; il
nous sauve au-dehors de la honte de périr sans combat
et de voir morceler notre belle patrie.

Si tel n'était pas le but incontestable des alliés, qui

pourrait expliquer le mystère de leur union ? Leur union serait un ouvrage contre nature , sans la base du démembrement futur de la monarchie française. Comment, sans cette base, l'Autriche pourrait-elle entrer dans une guerre dont l'issue plus ou moins heureuse tend , de toutes manières , à consolider l'ascendant de la Russie sur elle comme sur le reste de l'Allemagne ?

Après avoir dirigé long-temps vers l'Est ses projets d'extension, c'est vers l'Occident que l'Autriche se laisse entraîner aujourd'hui par le grand appât qui lui est offert : c'est là qu'elle veut regagner le terrain qu'elle est obligée de céder ailleurs. La marche envahissante de la Prusse lui indique un vaste système, qu'elle suit avec succès ; c'est de se former , même en y comprenant des possessions aujourd'hui indépendantes , un cadre immense dont toutes les enclaves puissent finir par devenir un jour parties intégrantes de sa monarchie. Sans la justification d'un tel calcul, la guerre contre la France serait, de la part de la cour de Vienne, un acte de la plus étrange absurdité ; et les cabinets ne sont jamais tout-à-fait absurdes dans de pareilles questions : ils ont beau vouloir honorer leurs motifs en donnant à leurs déclarations les couleurs d'une passion plus ou moins noble, c'est au fond un projet d'acquisition territoriale qui est toujours le mobile réel de leurs armemens. Ainsi, les causes de la guerre, malgré la variété de leur principe, se réunissent sous un point de vue principal.

Lorsqu'on prétend n'en vouloir qu'à l'Empereur, c'est toujours la France que l'on se propose d'atteindre en effet. Certes, l'amour-propre blessé joue en cette circonstance un rôle tel que l'on n'en avait jamais vu d'exemple; et pourtant l'intérêt, le calcul, l'ambition, renforcent sur-tout les prétextes de guerre qu'il se forge à lui-même, et en deviennent les véritables moteurs. Il en est de même, sans contredit, pour l'Angleterre et pour la Prusse; mais les autres gouvernemens et les États du second ordre, fatigués d'ailleurs des hauteurs de leurs nouveaux maîtres, ne peuvent pas, de bonne foi, partager leurs projets, quoique la nécessité les oblige à leur prêter le concours de leurs moyens et de leurs efforts.

Nous n'entrerons dans aucun détail sur l'étrange déclaration du 13 mars, et sur les autres procédés des puissances pendant le premier mois qui suivit le retour de l'Empereur. Les observations extraites des registres du conseil d'état, et qui ont été publiées par le Moniteur du 13 avril, dispensent à cet égard de toute autre réponse. Des rapports officiels ont fait connaitre à la France les démarches de son gouvernement pour ramener les puissances étrangères à de meilleures dispositions, et le peu de succès que ces démarches ont obtenu. Assurément on ne peut pas accuser l'Empereur de n'avoir pas poussé assez loin la patience et la longanimité.

Comme il est évident que le cabinet britannique est l'un des plus ardens promoteurs de la guerre, comme c'est sur-tout à Londres que l'on fait le plus d'efforts pour la justifier, nous opposerons la nation anglaise à elle-même, et nous la combattrons par ses propres argumens.

Il est impossible de n'être pas frappé de la ressemblance qui existe entre l'époque actuelle et la révolution de 1688 ; mais on ne remarque peut-être pas assez les nombreux traits de cette ressemblance ; on ne relève pas assez ce qu'il y a d'injustice, de la part d'une nation, à condamner chez un autre peuple les mêmes actes dont elle s'honore elle-même. A la vérité, il y a aussi entre les deux événemens des différences prodigieuses ; mais ces différences sont toutes à l'avantage de la révolution de 1815.

Le prince d'Orange est un prince étranger ; c'est un gendre de Jacques II qui vient dépouiller son beau-père. L'Empereur NAPOLÉON avait été détrôné par la force étrangère ; c'est un prince légitimement élu qui remonte sur le trône où le choix de la nation l'avait placé.

L'arrivée de Guillaume fut une invasion à main armée ; son autorité, une usurpation, jusqu'au moment du contrat qui le lia au peuple anglais. Le retour de l'Empereur n'est que sa réintégration dans ses droits, sanctionnée par l'assentiment national ; son autorité, la continuation de celle que le peuple français lui avait antérieurement déférée, et dont l'exercice n'avait été que suspendu.

Guillaume III aborde en Angleterre avec une flotte de près de cinq cents bâtimens, dont cinquante bâtimens de guerre : il débarque avec plus de quatorze mille hommes, en y comprenant un bon corps de cavalerie. Un millier d'hommes et une cinquantaine de chevaux sont toute l'armée de l'Empereur NAPOLÉON, et sept à huit barques suffisent à leur transport.

A l'approche du péril, Jacques II, pour regagner l'affection du peuple, rend aux communautés et corporations les priviléges dont elles avaient été dépouillées ; il fait des avances au parti épiscopal. Qui ne reconnaît dans ces mesures tardives les démonstrations de bienveillance et les caresses que les Bourbons ont prodiguées particulièrement aux militaires dans la dernière quinzaine de leur règne ?

Un grand nombre de seigneurs et d'évêques font au roi Jacques les plus éclatantes protestations de fidélité. Hélas ! Louis XVIII a entendu aussi, jusqu'au dernier jour, des protestations semblables.

Dans les premiers momens, le peuple anglais montre peu d'empressement au prince d'Orange : dès les premiers pas, l'Empereur NAPOLÉON est accueilli avec transport ; et du lieu de son débarquement, il est porté, par l'amour du peuple français, jusque dans sa capitale.

En Angleterre, le prince d'Orange ne voit d'abord se réunir à lui que quelques régimens et un petit nombre de généraux, parmi lesquels on distingue ce Churchill, qui sera un jour Marlborough ; en France, la nation entière salue son souverain, et l'armée, son général.

Jacques fut arrêté et ramené à Londres ; Guillaume favorisa sa retraite : le duc d'Angoulême est pris les armes à la main ; on le conduit hors de France.

La question n'est décidée à Londres, en faveur de Guillaume, que par une majorité de cinquante-une voix contre quarante-neuf. En France, il n'y a pas une centième partie de la nation qui ne se réunisse avec empressement à son libérateur.

Des mesures sévères semblent indispensables dans une révolution qui a pour objet un changement de dynastie. On a vu avec quelque peine, en France, que treize personnes aient été exceptées de l'amnistie générale : trente-deux personnes en furent exceptées à Londres.

On faisait pendre, à Londres, les espions du roi Jacques ; on traitait avec beaucoup de rigueur les distributeurs de ses proclamations ; les arrestations étaient très - nombreuses ; on n'épargnait pas les dames de la cour ; on emprisonnait les amies de la reine : grâces au ciel, on est loin, en France, d'une telle sévérité. Cependant Guillaume III était paisiblement assis sur le trône constitutionnel de l'Angleterre, et Jacques II publiait contre lui des manifestes. C'est le point où les choses en sont pour nous aujourd'hui. Nous citerons quelques passages des manifestes du roi Jacques, et des réponses de Guillaume ou de son ministère.

« On a raison d'espérer des princes confédérés,
» disaient les partisans du roi Jacques, qu'ils auront
» égard à ce qu'ils doivent à leur propre sûreté, à
» leur honneur, à leur conscience, en contribuant
» à ce qu'ils pourront au rétablissement de Sa Ma-
» jesté. »

« Ne dirait-on pas, répondait l'avocat de Guil-
» laume, que le choix des États d'Angleterre ait
» besoin de la confirmation de tous les princes de
» l'Europe ? L'Angleterre a pour les alliés toute sorte
» d'égards ; mais elle n'ignore pas jusqu'à quel point
» ils doivent entrer dans les affaires qui concernent
» la forme de son gouvernement (1). »

« Mais après tout, poursuivait le manifeste, n'y
» a-t-il pas incomparablement plus de raison aux
» alliés de s'attendre que la paix de l'Europe sera en-
» tretenue dans une juste balance par un roi légitime,

______

(1) *Voyez* les réponses au manifeste du roi Jacques, publiées
en 1697.

» dont l'intérêt aussi-bien que l'inclination le portent
» à l'entretenir, plutôt que par un usurpateur qui
» aura toujours intérêt de la troubler? Que l'on exa-
» mine la vie et la conduite de l'un et de l'autre ;
» on trouvera d'un côté une droiture, une bonne foi
» et une tendresse de conscience dignes d'un prince
» dont la vie a toujours été remplie de traverses et
» de souffrances, mais qui a toujours eu l'avantage
» de souffrir pour la justice ou pour la religion ; de
» l'autre, un ambitieux qui a toujours sacrifié hon-
» neur et conscience pour parvenir à ses fins. »

Les reproches faits à Guillaume ressemblent beaucoup à ceux que l'on fait aujourd'hui à l'Empereur.
L'Angleterre nous fournit notre réponse. « Le roi
» Jacques devrait se connaître assez bien lui-même,
» pour ne pas souffrir une comparaison si désavan-
» tageuse. Je n'entreprendrai pas de pousser ce pa-
» rallèle. La haute estime où est Sa Majesté dans
» toute l'Europe, parle assez pour elle. Dans sa jeu-
» nesse, elle ne pouvait pas se promettre une fortune
» très-heureuse ; cependant elle ne désespéra pas de se
» relever, malgré les injustices du sort ; et par un
» bonheur que la postérité ne croira qu'à peine, elle
» monta au rang de ses ancêtres. Le caractère de
» Guillaume est celui d'un héros ; je ne veux pas
» donner à Jacques son véritable nom, &c. &c. (1). »

(1) *Voyez* les réponses citées.

Si le panégyriste de Guillaume lui donne tant d'éloges pour avoir recouvré le stathoudérat, qui avait appartenu à sa famille, que dirait-il du prince qui, créateur de sa fortune, était devenu le maître de l'Europe; qui, descendu momentanément du trône, n'a eu besoin que de reparaître pour chasser les Stuarts français, et reprendre une couronne qu'ils n'étaient pas capables de porter?

« Pourquoi donc ne pas attendre tout ce qu'on peut
» espérer avec justice, plutôt de Sa Majesté que du
» prince d'Orange? Pourquoi ne pas se fier sur la
» parole et sur la bonne foi d'un prince qui est reconnu
» pour homme de bien, même par ses ennemis,
» plutôt qu'aux promesses trompeuses d'un homme
» que ses meilleurs amis n'osent dire n'avoir jamais
» eu d'autres règles de sa conduite que celle de son
» ambition démesurée? »

Voilà de terribles interrogations; l'Angleterre se charge encore d'y répondre.

Elle trouve que le manifeste pose comme accordé ce qui est en question : « Pour nous, dit-elle, nous
» n'avons pas si bonne opinion du roi Jacques; au
» contraire, nous sommes convaincus que c'est un
» dévot superstitieux, et qu'on ne peut pas plus se fier
» à sa personne qu'à celle de son protecteur. » Jacques II n'avait pour protecteur que Louis XIV. Si la parole d'un protecteur unique était suspecte, comment la France pourrait-elle ajouter foi à celle de tous les pro-

tecteurs de Louis XVIII ? Sans répéter les objections des manifestes de Jacques II, nous citerons différens traits des réponses qui leur étaient faites, et qui sont justement applicables à notre position. « Je donnerai » un conseil au roi Jacques ; c'est qu'il devrait faire » des réflexions sur ses actions passées ; et il recon- » naîtra qu'il ne doit imputer ses malheurs qu'à lui- » même. Il pouvait régner glorieusement, s'il n'avait « pas prêté l'oreille à de perfides conseils pour entre- » prendre d'envahir les priviléges de ses sujets...? » Il n'y a pas moyen de compter présentement sur » sa parole.... Si Dieu était assez irrité contre nous » pour nous le redonner pour roi, il ne ménagerait » plus rien.... Il tâche de liguer contre nous les princes, » afin de traiter l'Angleterre en pays de conquête.... » Il ne paraît que comme un ennemi qui, à la tête de » troupes étrangères, veut subjuguer la nation.... Si » on lui a fait tort, il n'en peut accuser que la nation « anglaise ; et c'est à Dieu seul qu'elle en doit ré- » pondre. » Le défenseur de Guillaume établit comme incontestable un principe d'une grave conséquence ; c'est que, « pour être en droit de traiter avec un » prince, il suffit de le trouver en possession (1). »

Il cite des exemples tirés de l'histoire de plusieurs nations, et entre autres celui de la France elle-même, qui « avait envoyé une ambassade à Cromwel, pen-

______

(1) *Voyez* les réponses citées.

» dant qu'elle refusait l'hospitalité à un roi injuste-
» ment dépouillé, qui se trouvait petit-fils de Henri IV,
» neveu de Louis XIII et cousin germain de Louis
» XIV. Ainsi la possession où on trouve un prince,
» est précisément ce qui autorise à traiter avec lui ;
» et l'obligation d'observer les traités, passe au suc-
» cesseur, non pas parce qu'il a droit à la succes-
» sion, mais parce qu'il a actuellement succédé....
» Jacques II est mort civilement à l'État aussi-bien
» que ses enfans nés ou à naître..... La nation anglaise
» ne reconnaît pas de supérieur, lorsque, par une
» circonstance extraordinaire, comme a été la suite
» de Jacques, elle rentre dans le droit primitif qu'ont
» tous les peuples du monde de régler le gouverne-
» ment de la manière la plus conforme au bien de
» l'État (1). »

Pour terminer ces citations, nous rapporterons ici
la première phrase du manifeste, qui établit le droit
légal du prince d'Orange à la couronne d'Angleterre,
et qui déclare *crime de haute trahison* tout acte
tendant à s'opposer à ce droit : « Il est généralement
» connu que les royaumes d'Angleterre et d'Écosse
» sont des monarchies héréditaires par ordre de pri-
» mogéniture, en vertu de lois et de coutumes im-
» mémoriales. Toutefois il est vrai de dire que la
» succession au trône, dans les monarchies héré-

____

(1) *Voyez* les réponses citées.

» ditaires, est, comme toute autre chose, soumise à
» la loi de la nécessité, et à telles modifications que,
» dans des circonstances imprévues, la loi universelle
» de la raison et de l'équité peut prescrire au mo-
» narque et au peuple. »

Comment la même nation qui a professé de telles
maximes, et dont l'existence politique repose sur le
principe de la souveraineté des peuples ; comment
une dynastie qui doit le trône à cette doctrine, peut-
elle aujourd'hui stipendier l'Europe pour en empêcher ailleurs l'application ? En vain on prétendra
l'admettre encore, sauf la personne de l'Empereur
Napoléon ; en vain on dira que l'on n'entend point
gêner la liberté du choix de la nation française,
pourvu que l'Empereur Napoléon soit exclu de ce
choix : le principe est détruit dès qu'une exception
est admise. L'honneur une fois violé, où est la garantie pour le lendemain ? Si une nation était assez
lâche pour obéir à l'ordre étranger qui lui dit, « Tu
» ne garderas pas pour monarque tel prince, parce
» que telle est ma volonté, » quelle portion d'indépendance pourrait-il rester encore à ce peuple ? qui
lui répond que la volonté orgueilleuse à laquelle il
aurait cédé approuverait son second choix, approuverait le troisième ? quelle honte, quel avilissement
pour lui, de ne pouvoir vivre que sous un roi dont
les puissances étrangères auraient sanctionné l'élection ! Quel homme que celui contre lequel tous

les autres princes se croient obligés de s'unir ! de quel poids il doit être dans la balance des destinées du monde ! et combien la nation qu'il gouverne doit mettre de dévouement à le défendre, puisque le reste des rois fait de si grands efforts pour le lui enlever ! Que l'on ne vienne pas nous alléguer, comme explication de la ligue des rois, les injures et les outrages prodigués au Monarque que leur raison estime et admire malgré eux : nos bibliothèques sont chargées encore des nombreux volumes d'invectives publiées contre Guillaume III. A peine les écrivains de nos jours sont-ils arrivés à la hauteur de ceux du dix-septième siècle. On serait tenté de croire quelquefois qu'un de ces volumes est sorti de la poussière, et qu'il fournit depuis un an à tous les folliculaires de l'Europe, le venin journalier qui fait leur aliment. Combien d'écrits dans lesquels le portrait de Guillaume est tracé avec du fiel ! les titres de nouvel Absalon, de nouvel Hérode, de nouveau Cromwel, de nouveau Néron, sont les expressions banales dont les amis du roi légitime Jacques se servaient pour qualifier l'usurpateur et le tyran Guillaume.

Ce n'est pas assez pour les ennemis de la France de faire retentir en Europe cette ridicule répétition d'injures déjà usées dans un autre siècle ; on a prétendu que la bassesse des diatribes imprimées à Paris contre l'Empereur NAPOLÉON pendant l'interrègne, devait être considérée comme l'expression de la pensée nationale. Ici les faits répondent : mais quelle cruelle récrimination il nous serait permis d'employer , si l'on devait réfuter sérieusement de pareilles objections ! C'est la nation française que l'on attaque , et sa justification serait facile. Sans doute, lorsque l'Empereur NAPOLÉON succomba un moment sous la force des destins contraires, la France dont il se sépara , ne put se dispenser de se soumettre aussi à la nécessité. Se soumettre fut alors un devoir pour la nation ; et si les Bourbons avaient été ce qu'ils devaient être, cet ordre de choses aurait pu se soutenir. La nation , en continuant de le respecter, serait sans reproche, comme elle est sans reproche de s'y être dérobée, lorsque le pouvoir royal n'a pas voulu être un bienfait pour elle. Mais ce qu'on n'a pas vu en France , ce qui n'appartient qu'à une terre étrangère , à une terre qui cependant remplit l'Europe du bruit d'un patriotisme fastueux , c'est une nation abandonnant son Roi , quand son Roi règne encore ; c'est une nation se séparant de sa dynastie, quand sa dynastie, malheureuse dans quelques batailles , continue à courir avec de puissans alliés les chances de la guerre ; quand elle peut encore recouvrer à la paix la totalité de son territoire ; quand enfin aucun acte du prince ne dégage ses sujets de la soumission qu'ils lui doivent. Eh bien ! cet inexcusable abandon d'un Roi par ses peuples, nous l'avons vu dans ces pays mêmes qui se présentent à nous comme nos ennemis

ennemis les plus acharnés. Nous avons vu, dans la capitale la plus célèbre maintenant par l'exaltation du jacobinisme allemand, c'est-à-dire par sa haine pour la France, nous avons vu, quand le prince n'avait renoncé à aucun de ses droits, ses sujets, ses serviteurs, tous les fonctionnaires publics et même ses ministres d'état, prêter serment de fidélité à l'Empereur NAPOLÉON ! (1) Le reproche est dur, mais il est fondé. A dieu ne plaise au reste que nous fassions un crime aux peuples de ces déviations momentanées où les entraînent quelquefois des circonstances qu'il n'est pas en leur pouvoir de maîtriser. C'est toujours moins la faute des nations que la faute des cabinets ; et ce n'est pas à nous de nous plaindre des sentimens des autres peuples à notre égard ; tout nous répond que nous n'avons pas droit d'en être mécontens.

Dans la guerre qui se prépare, la question est bien loin d'être la même pour les peuples et pour les rois. Si l'excès de notre longue prospérité avait excité l'envie et fait naître de justes ressentimens, le congrès s'est chargé de notre apologie. En trompant toutes les espérances qui se rattachaient à des idées d'équité et de modération, il a ramené vers nous les affections qui avaient pu s'en éloigner : il a semé la haine à son

(1) Ce serment fut prêté à Berlin dans une séance solennelle, présidée par M. le général Clarke, gouverneur de cette ville. La cérémonie eut lieu dans le palais du Roi.

E

tour ; il l'a semée en Pologne , en Allemagne , en Italie, et sur la rive gauche du Rhin : il en recueillera les fruits. C'est le congrès qui a consommé notre réconciliation avec l'Europe : la ligue qui nous menace, n'est qu'une ligue de princes ; c'est encore une coalition , ce n'est plus une croisade.

Lorsque nous avons exposé tant de points de ressemblance entre la révolution de 1688 et celle de 1815, on demandera pourquoi il existe cependant entre elles une différence remarquable, dont on ne manquera pas de tirer une induction contraire aux intérêts de la révolution actuelle. Cette différence, c'est qu'en 1688 tous les rois légitimes se déclarèrent, Louis XIV excepté, pour l'usurpateur Guillaume , contre le roi légitime Jacques II ; tandis qu'en 1815 tous les rois légitimes, sans exception, se déclarent contre le soi-disant usurpateur NAPOLÉON pour le roi légitime Louis XVIII. Dira-t-on que les grands principes de la légitimité sont mieux connus aujourd'hui ? Ce serait faire le procès à la maison qui règne en Angleterre ; ce serait tourner contre cette famille la ligue formée contre l'Empereur NAPOLÉON : mais tels ne sont point les motifs de la différence essentielle qui distingue les deux époques. En 1688, tous les rois de l'Europe , hors Louis XIV, furent indifférens aux grands principes de légitimité héréditaire, parce qu'en foulant aux pieds ces principes , ils trouvaient dans Guillaume III un allié puissant contre

la France : en 1815, ils affectent le plus grand respect pour ces prétendus principes, parce que ce
respect leur est utile pour réunir contre la France
toutes les forces de leurs monarchies, en y joignant
encore l'appui des mouvemens intérieurs que peuvent
exciter parmi nous les partisans des Bourbons. Ja-
louses en tout temps de la puissance française, les
grandes puissances combattent indistinctement pour
ou contre les principes de la légitimité héréditaire,
selon que l'un ou l'autre parti compte ou ne compte
pas la France dans ses rangs. La question en elle-
même n'est rien : le tort de la cause défendue par
la France est d'être défendue par elle. Aussi, lorsque
Louis XIV combattait pour les Stuarts, on lui adres-
sait à lui-même les reproches que l'on adresse aujour-
d'hui à l'Empereur.

Le message du prince régent, remis aux chambres
le 22 de ce mois, désigne l'Empereur Napoléon par
le titre d'*ennemi commun*. En 1695, Guillaume,
en demandant au parlement de nouvelles taxes pour
combattre Louis XIV, exhortait dans sa harangue la
nation anglaise à redoubler d'efforts *pour réduire
l'ennemi commun de toutes les puissances de l'Europe.* C'était également contre *les formidables ennemis de la nation et de tous les peuples de l'Europe*,
que les lords juges ordonnaient des prières pour obtenir les secours du ciel.

Ainsi la France, quels que soient les principes

qu'elle défende, quel que soit le monarque qui la gouverne, doit s'attendre, lorsqu'elle ne veut pas se laisser avilir, à être déclarée l'ennemi commun de l'Europe par le gouvernement anglais et par quelques-unes des principales puissances du continent. La justesse de ces rapprochemens ne peut échapper à personne. Du moins, dans leur déchaînement contre la France gouvernée par des rois, les puissances étrangères admettaient la possibilité de la conclusion de la paix. Depuis 1792, il en est autrement ; depuis 1792, tous les cabinets, dans les accès de leurs périodiques fureurs, n'ont cessé de redire qu'ils n'en voulaient pas à la France, mais à son gouvernement, avec qui il était impossible *de faire ni paix ni trève :* et cependant on fut heureux en Champagne, de conclure *une trève* avec la Convention nationale ; on eut la condescendance de négocier à Bâle avec un comité de salut public, et à Campo-Formio avec un général en chef, agissant au nom d'un directoire exécutif ; de reconnaître à Lunéville et à Amiens un premier consul ; de saluer un Empereur à Austerlitz ; de lui demander la paix après Iéna, et de l'obtenir à Tilsit ; de lui devoir deux fois la paix à Vienne, et de consacrer celle de 1809 par la plus auguste des alliances. Deux ans d'événemens contraires ont tout changé, et l'on revient en 1815 au raisonnement de 1792.

Un terrible grief, on ne peut en disconvenir, pèse

sur l'Empereur NAPOLÉON ; et ce grief, le seul qu'on ne lui pardonne pas, c'est, quand les hommes ne pouvaient le vaincre, d'avoir été vaincu par les élémens ; c'est, après quinze ans de triomphes, d'avoir été un moment malheureux.

Ce tort est grand sans doute ; mais tous les souverains n'ont-ils pas été criminels comme lui ? ne l'ont-ils pas été plus long-temps que lui ? Et dans le moment de leurs infortunes, a-t-il porté aussi loin qu'eux l'abus de la victoire et l'ivresse de la prospérité ? Pour avoir obtenu sur lui des succès passagers, on jure irrévocablement sa perte, le monde doit s'ébranler pour exécuter l'arrêt de sa proscription ; et l'on semble ne pas se souvenir que la plupart de ces dynasties, aujourd'hui si orgueilleuses et si menaçantes, n'existeraient plus s'il avait été aussi peu généreux qu'elles.

RÉCAPITULATION.

La réunion des faits que nous venons de parcourir, compose l'ensemble des élémens desquels résulte le tableau exact de la situation de la France. Ces faits n'ont presque besoin que d'être indiqués pour qu'un esprit juste en saisisse les conséquences. Au lieu de théories toujours susceptibles d'être contestées, au lieu d'abstractions sur lesquelles il est mal aisé aux meilleurs esprits de se mettre d'accord, c'est l'histoire que nous avons prise pour juge ; c'est du rapprochement de circonstances anciennes avec les circonstances actuelles que nous avons fait sortir l'opinion qui doit s'établir sur ces dernières. Nous allons rassembler, dans un résumé rapide, ceux des principaux faits qui fournissent à notre jugement les données les plus essentielles.

Question de la guerre.

Il semble qu'il n'existe pour les peuples que deux manières d'être entre eux ; l'état de guerre, ou l'état de paix. A ce compte, l'Europe étant presque tout entière en armes contre la France, la France aurait l'Europe entière pour ennemi. La question n'est pas aussi simple. Parmi les souverains armés maintenant contre nous, il en est beaucoup qui au fond sont ou doivent être nos amis, et dont les intérêts se rattacheront aux nôtres le jour où des événemens nouveaux pourront les affranchir de l'ascendant qui comprime leur volonté.

Question de l'abdication de l'Empereur.

L'abdication eut pour base un traité. Les conditions de ce traité n'ayant été remplies ni par les puissances étrangères, ni par les Bourbons, le principe en a été aboli, et l'Empereur a été dégagé des obligations qui étaient à sa charge.

De plus, une abdication qui n'est pas l'effet d'un consentement libre, n'a de durée que celle de la force qui l'a produite. Les faits et le droit sont d'accord sur ce point.

Question de la légitimité.

Ce n'est pas à l'époque où nous sommes, qu'il est besoin de démontrer le principe de la souveraineté des peuples. En droit, l'Empereur, légalement élu, était, même après son abdication, le souverain légitime de la France : mais nous avons fait à cet égard aux Bourbons toutes les concessions admissibles ; nous avons reconnu que leur rétablissement, quoique résultant d'une invasion et opéré par la puissance de baïonnettes étrangères, aurait pu devenir légal, si le bonheur de la nation française l'avait sanctionné. Le contrat imposé par la force pouvait être confirmé par le consentement : s'il n'en a pas été ainsi, ce sont les Bourbons qui ne l'ont pas voulu.

Disposition générale des Puissances étrangères à l'égard de la France pendant le règne des Bourbons.

Cette disposition avait un double caractère : c'était, si l'on veut, de la bienveillance, ou de l'indifférence du moins, pour la maison régnante, jointe à un fond

de jalousie haineuse pour la nation. Le peuple français était un géant tombé qui effrayait encore ses
ennemis : il avait à souffrir et de la peur qu'il inspirait, et du mépris qu'on avait pour ses nouveaux
conducteurs.

Politique des Bourbons à l'égard des Puis-
sances étrangères.

Le seul mobile de la politique des Bourbons a été
l'intérêt de dynastie : tout intérêt national a été nul
pour eux.

C'est l'intérêt de dynastie qui signa ces odieux
préliminaires par lesquels la France abandonna en
un jour toutes ces places si bravement défendues,
dont la cession disputée pouvait encore nous assurer
une honorable paix et de plus belles frontières.

C'est l'intérêt de dynastie qui humiliait la France
par l'indécent spectacle de l'ascendant de l'ambassade
anglaise sur notre Gouvernement.

L'histoire des relations politiques de la France
pendant les onze derniers mois, n'est que l'histoire
de ses humiliations. A Paris, les étrangers forment
auprès du ministère royal des prétentions déraison-
nables, qui prouvent jusqu'à quel point on compte
sur sa faiblesse. A Vienne, on réduit nos plénipotentiaires à la plus déplorable nullité.

Tous les torts de la famille des Bourbons sur ce

point se réunissent dans un seul fait : leur tort capital est d'avoir en France désorganisé l'armée. Il ne faut accuser leurs plénipotentiaires que du malheur d'avoir servi de tels princes : lorsque des négociateurs n'ont à mettre en avant que des principes contre les baïonnettes, le talent est inutile, et l'habileté sans effet.

La politique du ministère royal n'a été active que sur un point : elle était négative sur tout le reste ; elle était négative sur l'intérêt de la France, active dans l'intérêt de famille. Qu'importait alors à l'intérêt national que ce fût tel ou tel roi qui régnât à Naples ? Ce qui était important, c'était la fixation du sort de la Pologne, la conservation de l'intégralité de la Saxe, le maintien de l'indépendance des États d'Allemagne, et enfin la démarcation des frontières dans le Nord, en Allemagne et en Italie.

Politique des Puissances étrangères à l'égard des Bourbons.

Le principe de la politique des puissances étrangères était, de l'aveu de nos plénipotentiaires, d'empêcher la France de revenir jamais à l'état de grandeur qu'elle avait eu même sous quelques-uns de ses rois.

Un autre aveu non moins terrible est que les puissances étrangères, qui prétendaient n'avoir voulu d'aussi grandes garanties que contre l'Empereur Napoléon, ont persisté à consommer, malgré le rétablissement des Bourbons, tout ce qu'ils auraient cru nécessaire à leur sûreté dans le cas où l'Empereur serait resté sur le trône.

Un troisième aveu qui renferme seul tous les présages des malheurs dont était menacé l'avenir de la France, c'est que la difficulté de s'entendre sur leurs limites mutuelles, comme si les dépouilles à partager n'eussent pas été suffisantes encore, a porté les alliés à *se repentir de la paix signée à Paris*. Quoi ! la Russie, l'Autriche, la Prusse et l'Angleterre se repentaient de la paix signée à Paris, et les Bourbons pouvaient dormir en repos ! toutes ces puissances avaient sur pied de nombreuses armées, et les Bourbons s'attachaient à détruire le noyau heureusement indestructible d'une armée de héros, à dépouiller de leur honneur les drapeaux français, et à prodiguer les récompenses de la bravoure à des hommes qui depuis vingt ans n'avaient combattu que contre leur pays !

Cette arrière-pensée, qu'une sage prévoyance apercevait dans la politique des alliés, pouvait se déguiser encore quelque temps : le retour de l'Empereur n'a fait qu'en précipiter l'éclat. La France doit-elle s'en plaindre ? Elle n'avait à attendre qu'une agonie honteuse. C'est du moins dans un noble combat que se décidera maintenant la question de son indépendance.

Nous ne nous arrêterons pas ici sur les publications faites par les puissances contre l'Empereur. Quels esprits assez confians pour croire que c'est à un seul homme que l'on veut faire la guerre? que c'est contre un seul homme, et non contre une nation, que l'on fait marcher de nombreuses armées? que, la cause de l'Empereur mise à part, tout serait terminé? Comme si l'indépendance d'un peuple était une propriété divisible! comme si la liberté de son choix existait lorsqu'on y met une exception! comme si, en renonçant à la plénitude de ses droits, la nation ne se reconnaissait pas dépendante d'un pouvoir tranger! comme si le projet de renverser l'Empereur n'était pas évidemment un chemin pour arriver au démembrement de notre territoire! On trouvait la France, telle qu'elle est réduite par le traité de Paris, encore trop puissante, même sous les Bourbons! Comment souffrir qu'elle existe, sous un prince tel que l'Empereur? C'est la France avec l'Empereur que l'on attaque ; c'est la France dans l'Empereur, et l'on ne hait l'Empereur que comme trop digne de gouverner la France. Au reste, la nature des déclarations des alliés n'appartient pas aux usages reçus, et sort des bornes prescrites par les droits des peuples. L'opinion de l'homme impartial de tous les pays en a déjà fait justice ; l'avenir confirmera son arrêt.

Contradiction de la conduite des Anglais avec leurs principes.

Le rapprochement que nous avons fait de la révolution de 1688 avec celle de 1815, présente la plus éclatante contradiction entre la conduite actuelle du gouvernement britannique et la doctrine sur laquelle ce gouvernement lui-même est fondé ; mais il est un point sur lequel les Anglais ne sont jamais en contradiction avec eux - mêmes, c'est dans leur haine pour la France.

La haine pour la France est aujourd'hui la maladie universelle, non des peuples, mais des cours et des classes privilégiées ; et cette maladie n'a pas seulement pour origine le mécontentement produit par la supériorité militaire que nous avons obtenue sur toute l'Europe ; son principe est dans un sentiment indéfinissable d'envie ; c'est une jalousie qui s'attache à tout notre sol, à tous nos avantages territoriaux et industriels, à nos arts, à notre langue même.

Cependant, en résultat général, si la France est forcée de compter parmi ses ennemis un grand nombre de gouvernemens, elle peut aussi voir dans les peuples un grand nombre d'amis : la France a des amis par-tout où les peuples ont déjà ou commencent à avoir le sentiment de leurs droits ; elle a des amis dans la Belgique, sur la rive gauche du

Rhin, en Italie, parmi les peuples des États d'Allemagne et dans toute l'ancienne Pologne. C'est de
notre côté que sont le bon droit et la justice ; les
chances de l'opinion des peuples sont pour nous à
notre tour. Nos prétentions d'ailleurs se réduisent aux
termes les plus simples : la France ne veut point imposer son joug aux autres peuples ; mais elle n'entend
point souffrir de joug étranger : l'indépendance est
pour elle le premier des biens ; elle veut le conserver ;
elle en a les moyens. La nation a pour chef un monarque qu'elle a choisi ; l'armée a pour général celui
qu'elle choisirait jusque dans les derniers rangs, s'il
avait cessé d'être Empereur. La nation, l'Empereur et
l'armée n'ont qu'un sentiment et qu'un vœu : il n'est
point de pouvoir au monde capable de prévaloir jamais
sur l'indissoluble union de la nation, de l'Empereur
et de l'armée.